偽装の被爆国

太田昌克
Ota Masakatsu

偽装の被爆国

核を捨てられない日本

岩波書店

目次

広島市の平和記念公園で演説するオバマ米大統領(2016年5月27日，共同)

プロローグ「アトミック・サンシャイン」の陰で

5・27、オバマ・イン・ヒロシマ

石畳を焼きつけていた強い西日に薄い雲がかかると、心地よい南風がピタリとやみ、瀬戸内特有の夕凪が薄暮の公園を静かに包み込んだ。二〇一六年五月二七日午後六時一〇分、広島市中区中島町の平和記念公園内にある原爆死没者慰霊碑前。現職のアメリカ合衆国(米国)大統領として史上初めて被爆地に足を踏み入れたバラク・オバマは、慰霊碑の前で一〇秒ほど黙禱を捧げた後、一七分間に及ぶ演説を行い、「広島と長崎は、核戦争の夜明けとしてではなく、われわれ自身の道徳的な目覚めの始まりとして認識されるようになるだろう」と締めくくった。

その後、ホスト役である日本国首相、安倍晋三の短い声明を聞き終えると、式典に招かれた被爆者の坪井直や森重昭に歩み寄り、感涙にむせる森の肩をそっと抱き寄せた。オバマがこの日踏みしめた大地には、米国がこの時から七一年前に原爆を投下するまで、ごく普通の人びとの暮らしと豊かな生活の営みがあった。近くを流れる元安川も、子どもらの格好の遊び場だった。オバマは演説の中で、そうした市井に根を下ろす人びとの温かさと優しさに触れ、こう語っている。

全ての人のかけがえのない価値、全ての命が貴重であるという主張、われわれは人類という一つの家族の仲間であるという根源的で必要な考え。われわれはこれら全てを伝えなければならない。だからこそ、われわれは広島に来たのだ。われわれが愛する人々のことを考えられるように。子どもたちの朝一番の笑顔のことを考えられるように。台所のテーブル越しに、妻や夫と優しく触れ合うことを考えられるように。父や母が心地よく抱き締めてくれることを考えられるように。われわれが、こうしたことを考えるとき、七一年前にもここで同じように貴重な時間があったことを思い起こすことができる。亡くなった人々はわれわれと同じなのだ。

私はこの言葉を、オバマの立つ演壇から二〇mほど離れた場所で聞いた。原爆死没者慰霊碑の脇に設けられた報道陣向けの取材エリアだ。沈着かつ厳粛なトーンながらも、いつものように一言ひと言を歯切れよく刻むオバマの後ろ姿が見える。沈黙のうちに黄昏を迎える平和記念公園、そこに響き渡る原爆投下国の為政者の肉声。あの時、その肉声を間近に耳にしながら、またオバマと被爆者の握手と抱擁を眼前にしながら、やや興奮めいた驚きと静かな感動が心の深淵に押し寄せた。

「歴史的」と銘打たれるオバマの広島訪問。その瞬間が現実のものとなる前、メディアの間ではこんな議論が繰り広げられた。大勢の無辜《むこ》の民が暮らす大都市を標的にし、一九四五年末までに二〇万人の命を奪った原爆投下に対して「謝罪」の言葉を口にするのかどうか。米国の内政事情からすれば明確な謝罪の言葉は難しくとも、無防備の人間を瞬時に大量殺戮し、時空を超えた放射能被害を招いた残虐かつ非道な行為が「過ち」だったと認める発言は聞かれるのか。それも困難ならば、せめて一人の人間として、被爆者に対するいたわりや思いやりのメッセージ、かれらが背負ってきた苦悩と苦痛への心からの同情の念が示されるのかどうか……。なお「謝罪」については、そもそも安倍政権が、被爆者からの意見集約をすることもなく、「その必要はない」と事前に米政府に伝えていた。

蓋を開けてみると、「謝罪」の言葉や「過ち」を認める発言は一つもなかった。それでもオバマの一七分間の演説をあの場所で聞いた瞬間、そしてオバマの体軀が被爆者のそれと重なったのを目撃した瞬間、現場に立ち会った多くの者の胸中に厳かな感動と感銘が訪れたことはまちがいない。私自身もその一人であり、オバマが演説の中で「モラル(道徳)」という言葉を再三使った点には、特別の感慨を覚えた。

とりわけ次の一節は琴線に触れた。

原子核分裂を導いた科学的な革命は、道徳的な革命が伴わなければならない。

か弱き生身の人間を標的に、確実に非人道的な帰結をもたらす兵器を使うことを決めた者たちの非道徳性と非人間性。広島と長崎が体験した壮絶な人間的悲惨さを世界が目の当たりにした後も、血眼になって核軍拡競争を繰り広げた核大国の狂気と愚かさ。ひいては、そのような残虐非道兵器を際限なく刷新し続ける現実の中に、無自覚のままはびこる人間倫理の凄まじい退廃——。この厳然たる事実とその背後に横たわる真理を告発する啓示として、オバマの言葉は聞く者の耳に緊張と自問の輪を幾重にもおりなし、私の心の奥底にも強く、そして重く響いた。

抗った者たち

私は原爆投下から七〇年となる二〇一五年、新聞配信用の連載企画記事を執筆するため、米国の原爆開発計画「マンハッタン計画」や原爆投下に至る政策決定過程を記した米解禁公文書を、つぶさに検証する機会を得た。その作業の中で、ごく普通の市民、しかも非戦闘員である女性や子どもにまで核兵器を使うことに、深い葛藤と否定しようもない罪の意識、純粋な良心の呵責を覚えた者が、当時の米政権中枢に少なからず存在した事実にあらためて気づかされた。

一九四五年の初夏、「日本に対する早期の無警告原爆投下」を決めた最高諮問機関・暫定委員会に参加した高官の中に、まさにモラルの観点から核兵器の「無警告・無差別使用」に強く抗った者がいた。海軍次官を務めたラルフ・バードだ。もともとはシカゴの金融家だったバードは、次官職を辞する前後の六月二七日、「米国は偉大な人道主義国であり、原爆投下の二、三日前に事前の警告を与えるべきだ」との極秘メモを作成し、暫定委員会の最終決定に強い異論を唱えて政権を去った(Memorandum from George L. Harrison to Secretary of War, June 28, 1945, enclosing Ralph Bard's "Memorandum on the Use of S-1 Bomb," June 27, 1945)。

第二次世界大戦後は国務長官となり、ノーベル平和賞にも輝いた当時の陸軍参謀総長、ジョージ・マーシャルもまた、バードの動きに先立つ同五月二九日、陸軍長官のヘンリー・スティムソンに、原爆はまず「純粋な軍事目標」に使うべきだと訴えている。軍人としての強い矜持を胸に秘めるマーシャルは、無実の民には少なくとも事前の退避勧告が必要との考えを抱いていた。一九世紀のプロイセンの軍人であり軍事学者のカール・フォン・クラウゼヴィッツが言うように、「戦争とは他の手段をもってする政治の継続」であるならば、プロの軍人には最低限守るべきルールがあると、彼は痛感していたのだろう(Assistant Secretary of War John J. McCloy, "Memorandum of Conversation with General Marshal, May 29, 1945–11:45p.m.")。

また、マンハッタン計画の中心人物であるスティムソンその人も、同四月二五日、大統領に就任したばかりのハリー・トルーマンにこう伝えている。

モラルの向上が技術の進歩に伴わない世界において〔原爆の登場は〕現代文明の完全破壊をもたらす可能性もある。戦争を主導し原爆開発を先導したことで、米国は明確な道義的責任を負うことになる(Memorandum discussed with the President, April 25, 1945)。

原爆投下という人類史上最悪の惨劇をもたらした最高責任者の一人であるスティムソンのこの言葉は、オバマが自らの尊厳と威厳をもって被爆地広島で放ったメッセージと不思議な相似形を描く。そのことは、二人の言わんとするところが、人類がいかにして核と向き合っていくかという巨大なテーマを考究する上で、強靭な普遍性と透徹した真理性を帯びている真実を示唆していないか。

オバマ広島訪問の「前哨戦」

二〇一六年五月二七日に日の目を見たオバマの広島訪問には、ちょっとした「前哨戦」があった。その舞台は、オバマ訪問の七週間前、同じ被爆地広島で開かれた先進七カ国(G7)外相会合だった。

会合は四月一〇、一一の両日、太田川の河口にある広島港を臨む高級ホテルで開催され、その議長役を衆議院広島一区選出の外相、岸田文雄が務めた。

なお広島港は「国際拠点港湾」にも指定されている、海運・物流・貿易の重要拠点だ。広大な港湾の中心にはかつて宇品港があり、軍用港として日清戦争、日露戦争の兵站を支える国内の最前線基地だった歴史を持つ。被爆の惨劇を経て国際平和都市となった広島が、かつて「軍都廣島」と呼ばれたゆえんである。

「核軍縮はライフワーク」と自認する岸田のお膝元で開かれたこの外相会合は、二重の意味で国際的にも耳目を集める外交の檜舞台となった。まず、人類史上、最初の核攻撃を受けた被爆地にG7の外相が結集するという客観的事実、そのこと自体が大きなニュース性を内包していた。G7には米国に加え、英国、フランスが名を連ねる。これら核保有国のトップ外交官が、核被害の実相を伝承し続ける被爆地をじかに見るという行為そのものに、国際世論の視線が注がれた。

次に、日米双方にとってきわめて因縁深い広島の地で両国外相が相まみえるという事実、特に原爆投下国の国務長官ジョン・ケリーが被爆地に足を運ぶ決断をしたという、いわば人為のなす能動的事実が世界的な関心を集めることになった。ケリーは米行政府内でオバマ、副大統領のジョー・バイデンに次ぐ高位にある要人だ。さらに、ケリーの後景には、「核なき世界」を唱えた二〇〇九年の「プラハ演説」でノーベル平和賞を受賞し、かねて被爆地訪問に意欲を示してきたオバマ本人の影と意志がちらついていた。

ケリーの広島訪問はいわば、現職米大統領の被爆地初訪問の成否を占う「外交的前哨戦」だったのだ。そのため、長年の恩讐を越えた「日米和解」を最大限演出したいと考える安倍政権内で、「ケリーの広島訪問が成功裏に終わらずしてオバマの訪問は実現し得ない」との相場観が人知れず醸成されていった。また米側にも日本側と同じ認識が培われており、広島外相会合のおよそ一カ月前の三月一五日、電話インタビューに応じた軍縮担当の国務次官補フランク・ローズはオバマの被爆地訪問の可能性を念頭に「〔ケリー広島訪問の〕成功を確実なものとする」必要性を力説していた。なおローズは、上院議員だったケリーの国務長官就任に伴い、共に議会から国務省入りした政治任用官僚の一人で、ケリーに対する忠誠心は厚い。

動線

それでは日米両政府にとって、ケリー広島訪問の「成功」とは具体的に一体、何を意味したのか。それは大まかに考えて、二つの重大要素によって定義づけられていた。G7広島外相会合の直前、政策決定に携わる日本政府高官が私を含む一部記者に語った次の言葉を紹介しながら、その二つの要素を以下に概説してみたい。

「広島宣言と、原爆資料館や平和記念公園をG7各国外相らが訪れる動線はコインの裏と表だ。宣言文は最後の最後まで〔G7各国の間で〕いろんな調整を行う。各国の外相には、広島の慰霊碑には『we will not repeat the evil(過ちは繰返しませぬから)』と書かれており、『we will not let somebody to repeat the evil(誰かに過ちを繰返させませぬから)』と書いてあるわけではないと説明してきた。また〔日本政府が各国政治指導者に被爆地訪問を呼び掛けているのは〕『universal humanity（普遍的な人間愛、人間性）の観点からだ』と説明してきた。自分たちに誰かを批判するつもりはないのだと…一方で、日本は北朝鮮の核の脅威にさらされている。そのために日米安保の運用を強化してきており、米国の『核の傘』の下にある。だから核の抑止力を否定するつもりはまったくない」

ケリー広島訪問の「成功」を左右する一つ目の要素は、この高官の指摘する「動線」と深く関わっている。原爆投下国の行政府ナンバー3であるケリーが、オバマのいわば露払い役として爆心地周辺でいかに立ちふるまうか、そして原爆がもたらした人間的悲惨さを世界に告発し続けてきた広島平和記念資料館（以下、原爆資料館）をいかなる態様で見学するかについては、G7外相会合の開催直前まで日米間で水面下の外交折衝が続けられた。

米側がとりわけ神経質になったのは、ケリーの原爆資料館見学がどう報じられるかという点だった。「ケロイドのある被爆者の写真とケリー国務長官が並んで撮影され、その映像がCNNで繰り返し流されるのは困る」――。国務省からは事前に、こんなメッセージも日本政府に寄せられていたという。被爆者が心と体に負った傷の深さを描写する被爆資料が生々しければ生々しいほど、それは原爆を投下した行為の残虐性をより明瞭に映し出すことになる。そのイメージは罪悪感を帯びながら、人道主義とフェアプレーの精神に裏打ちされた人間愛を志向する米国人の心のひだを痛々しく浸食するかもしれなかった。

またこの日本政府高官が、広島の原爆死没者慰霊碑に書かれた碑文「安らかに眠って下さい　過ちは繰返しませぬから」の英訳について、G7関係国の外相らに右のような説明をしていたのも、米国人が原爆投下に対して抱く機微な感情を忖度してこその話だった。つまり、「過ち」を起こす主体者はあくまで、人類全体を指す「ｗｅ（私たち）」であって、決して第三者、すなわち一度「過ち」を犯してしまった米国のことを念頭に「繰返させませぬから」と書いているわけではありませんよ、とあえて強調することで米側の神経を逆なでしないよう努めたのだった。

「広島宣言」から欠落した言葉

ケリーの動線とその報道統制をめぐる問題は結局、「ケリー長官訪問時の原爆資料館内の撮影は一切禁止」という線で決着する。それはケリー広島訪問のわずか一〇日ほど前の決定で、日米両国の外交当局がギリギリの折衝を繰り広げた上での結論だった。同時にこの決定が、原爆投下国の政府の意図と国民感情を露骨に反映した結果であることは誰の目にも明らかだった。

米大統領選挙のあったこの年、日米双方にとって、ケリー広島訪問の「成功」を確実に演出するには、既に顕在化していた「トランプ現象」も視野に入れながら、退役軍人団体も含めた米国内世論の厳しい批判を封じ込める必要があった。仮にケリーの訪問に「謝罪外交」のケチが付き、ホワイトハウス入りを狙うドナルド・トランプが選挙戦の争点にする展開となれば、ケリーのみならずオバマの沽券に関わる政治問題に発展する。それは、オバマの跡目を継ぎたい民主党のヒラリー・クリントンへの攻撃材料ともなりかねない。まさにケリーの爆心地周辺における動線は、ケリー本人とそれに続くオバマの被爆地訪問の成否を左右する重大要素だったのだ。

日米両国にとって、ケリー広島訪問の「成功」を決定づける重大要素がもう一つ別にあった。それは、外相会合終了時に発出される合意文書「広島宣言」だった。正式名称は「核軍縮及び不拡散に関するG7外相広島宣言」。岸田の肝いりで日本外交当局が苦心の末、練り上げた成果文書だ。この宣言には「核兵器のない世界」という言葉が二回登場し、G7外相が「現実的で漸進的なアプローチ」を通じて核軍縮を推進していく考えを表明している。

しかし、この「広島宣言」には、近年の核廃絶論議を象徴する、ある重要なキーワードが欠落していた。それは、核兵器使用がもたらす「非人道的結末(英語では humanitarian consequences)」という二つの英単語だった。一瞬にして無数の市民を焼き殺し、次代にも憂いを残す放射能被害を拡散し、生態系や自然環境に壊滅的影響をもたらす核爆発。東京電力福島第一原発事故は核爆発とは性格の異なる原発事故だが、重度の放射線汚染地域には救援・救護者すら足を踏み入れることができなくなる「救護の不可能性」という真理を知らしめる事態となった。人命を救う機会すら奪う放射能被害を「非人道的」と呼ばずして、果たして何と表現すればいいのか。

核兵器の使用は、そんな非人道的な極限状況を確実に招来する。そうした「非人道的結末」に力点を置き、核廃絶を目指そうとする非核保有国や反核国際NGOの動きが、この問題を取り上げた二〇一〇年の核拡散防止条約(NPT)再検討会議を機に活発化していた。

そして二〇一五~一六年にかけ、核軍縮交渉の足踏み状況に不満と懸念を募らすオーストリアやメキシコ、南アフリカなどが主導する形で、非人道性を立脚点に核兵器を法的に禁じようとするうねりが徐々に表面化していった。それは、一七年春、ニューヨークの国連本部で始まった核兵器禁止条約交渉に通じる地下水脈とも言えた。

「広島宣言」に「非人道的結末」の言葉がなかったのは、日本外務省幹部によれば禁止条約反対の急先鋒であるフランスの激しい抵抗があり、これに同調する米英両国の主張が投影された結果だという。

また、「核兵器のない世界」を模索するという崇高な決意表明とは裏腹に、次のような一節が盛り込まれた。それは、核を持つ国と「核の傘」の下にある国の本音を忍び込ませた、刮目すべき外交的修辞だった。

この歴史的〔G7広島外相〕会合において、我々は、国際社会の安定を推進する形で、全ての人にとりより安全な世界を追求し、核兵器のない世界に向けた環境を醸成するとのコミットメントを再確認する。この任務はシリアやウクライナ、そしてとりわけ北朝鮮による度重なる挑発行為といった、多くの地域における悪化する安全保障環境によって一層複雑なものとなっている。

関係者への取材によれば、米国務長官のケリーはこの一節にえらくご満悦で、日本側の努力を非常に多としたという。

なぜ米外交トップがこの文章に高い評価を与えたのか。それは他でもない。核軍縮を進める前提として「国際社会の安定」、すなわちG7とその同盟国の安全保障が担保されることを確認した上で、「核兵器のない世界」実現のための「環境を醸成」していくという基本方針が明確に打ち出されていたからだ。つまり核軍縮、その先にある核廃絶はあくまで「まず安全保障ありき」であり、米英仏の核保有国とその「傘」の下にある日独伊加が「諾」と判断できる条件が整った場合に限り、核軍縮を進めるという大原則が示されたのだった。

核兵器禁止条約に核保有国や「傘」の下の国が背を向けるのも、これとまったく同じ理屈だ。先に「日本は北朝鮮の核の脅威にさらされている。そのために日米安保の運用を強化しており、米国の『核の傘』の下にある。だから核の抑止力を否定するつもりはまったくない」との日本政府高官の言葉を紹介した。そして、安倍政権が被爆国ながら、核兵器禁止条約への署名を拒んでいるのも、「核の抑止力を否定するつもりはまったくない」からであり、「核の傘」を正当化しているためにに他ならないのだ。

二〇一六年五月二七日　歴史的な日

あのドームが爆心地なのか。

二〇一六年四月一一日の正午頃、米国務長官として初めて広島を訪れたケリーは原爆資料館を見学した後、案内役の小溝泰義にこう話しかけてきたという。平和記念公園が一望できる館内から、窓ガラス越しに原爆ドームの方向を眺めるケリーの姿はテレビカメラにも収められた。資料館を運営する広島平和文化センターの理事長である小溝は私の取材に、「説明板をしっかり読み、遺品を見ていた」と答えている。ケリーは小溝ら関係者も驚くほど熱心に、かつ時間をかけて館内の被爆資料をつぶさに見詰め、七一年前に「きのこ雲」の下で起こった地獄絵を脳裏に焼きつけようとしたようだ。

その後の記者会見で「腸をえぐられたような展示だった」とも感想を語ったケリーはワシントンに戻った後、駐日大使のキャロライン・ケネディとともにオバマの背中を押した。そして、ケリーが爆心地周辺に歩を進めてから四六日後、今度は歴代米大統領初となるオバマの被爆地広島への訪問が実現する。

長い日米史にとって、いや人類史にとって「歴史的な日」と刻まれるであろう二〇一六年五月二七日。「核なき世界」の重要性を唱えてきたオバマが原爆死没者の眠る平和記念公園で被爆者を抱擁する直前、ホスト役の安倍晋三は、この日から約一年前に自身が米連邦議会で行った演説に触れながら、こう日米同盟の現状を礼賛した。

熾烈に戦いあった敵は、七〇年の時を経て、心の紐帯を結ぶ友となり、深い信頼と友情によって結ばれる同盟国となりました。そうして生まれた日米同盟は、世界に「希望」を生み出す同盟でなければならない。

真珠湾奇襲攻撃、原爆投下、終戦、米軍の日本占領、第五福竜丸などのビキニ被曝、日米安保改定、「核の傘」、沖縄返還、日米原子力協定、そして東京電力福島第一原発事故……。

あの日オバマと安倍が連れ立って、日本の「非核の聖地」とも呼べる平和記念公園に足跡を刻むまで、原爆を落とした国と原爆を落とされた国は、核にまつわる多くの出来事を経験し、気づけば両者は、「核」という軛《くびき》でつながれ、もはや離れがたいほどの関係となっていた。その現実は、「ポスト真実」「オルタナティブ・ファクト（もうひとつの事実）」「フェイク（偽）・ニュース」という奇怪な流行語に暗く彩られた第四五代米大統領、ドナルド・トランプの登場後も何ら変わりない。

アトミック・サンシャインの中で

あの日、オバマと安倍の姿を直接取材する機会に恵まれた私は、黄昏時にたたずむ二人の光景、さらにそこに至る核をめぐる日米史を振り返って、七〇年以上前のワンシーンを思い起こさざるを得なかった。それは、日本の敗戦から間もない占領時代の一九四六年二月一九日、連合国軍最高司令官総司令部（GHQ）民政局長のコートニー・ホイットニーが、自身を待っていた日本の外相、吉田茂らに何気なくこう言い放ったとされる情景だ。

「原子力的な日光《アトミック・サンシャイン》の中で陽なたぼっこをしていましたよ」

マーク・ゲインの『ニッポン日記』（ちくま学芸文庫、一九九八年、二〇九頁）に出てくる件《くだり》である。

ホイットニーが「アトミック・サンシャイン」という二つの英単語に一体どんなメッセージを託したのか、その真意はいまだ判然としない。ただ、原爆や「核のパワー」を連想させるこの言葉が、GHQ作成の憲法草案が吉田らに提示され、GHQ側がその受け入れを迫るさなかに発せられたという経緯には留意しておく必要があるだろう。

一九四五年八月、広島と長崎に落とされた二発の原爆が、日本人や人類全体にまざまざと見せつけた非人道性と残虐性、そしてそれが強く示唆する人間モラルの退廃――。原爆投下を起点とする戦後の日米関係は、「核」という要因に多くを規定され続けてきた。そして「核の傘」と原子力〝平和〟利用を媒介とした「日米核同盟」の実相が現在までも連綿と続く。

「アトミック・サンシャイン」の下にあった戦後日本と核廃絶を希求し続けてきた被爆国日本。以下に、日米の核の現代史に横たわる峻厳な現実を掘り起こしながら、非核を唱道するかに見えながら核同盟に安住してきた被爆国の「偽装の実態」に迫ってみたい。

＊

本書は関係者への直接取材をベースとしたノン・フィクションである。特に政府当局者への取材については、外交上、機微な内容が少なくない上、安全保障上の秘密情報が絡むケースもあるため、被取材者の要望と安全を考慮し、匿名となっていることが多い。何とぞご理解いただきたい。しかし、私なりの説明責任を果たしたく、できる限り、そのソースがどのような立場の人物なのか、所属組織やある程度のランクを示すよう最大限努めた。

また取材を補足するため、あるいは関係者が既に生存していないため、解禁された日米両国の公文書など信頼のおける一次資料も駆使した。出典の明記については註を設けず、本文中に付記している点にもご注意いただきたい。なお、登場人物は基本的に敬称を略させていただいた。この点にもご容赦をいただきたい。

プロローグの最後に、本書のタイトルを「偽装の被爆国」に決めるに当たっては私自身、戸惑いを覚え、随分と逡巡した事実を追記しておきたい。人類史上唯一、核攻撃を受けた国、それが被爆国である日本だ。そこには今なお、平均年齢が八一歳(二〇一七年八月現在)を超える多くの被爆者が己の生を全うしようと懸命に暮らしておられる。そしてかれらのお一人おひとりが七十余年前の惨劇の記憶と苦痛を心身に背負いながら、「核戦争の生き証人」として次代への松明《たいまつ》をともし続けてこられた。

そうした方々のお心や、苦難の足跡を考えると、「被爆」という言葉と「偽装」という表現を並列させることに、当初は大きなためらいを感じた。それでも本書を編集して下さった中本直子氏との真摯な議論を通じて、タイトルを「偽装の被爆国」とすることに決めた。

なぜならそれは、被爆者や日本の市民の希求する「核なき世界」に逆行する政策判断、東京電力福島第一原発事故から六年が経過しても衰えることのない脱原発を志向する市井の声を封じる政策決定を続ける被爆国の政府の内実を描写するのに適切な表現と考えたからだ。被爆者の皆さま、そして読者のお一人おひとりに私の本意をご理解賜れれば、筆者として幸甚と感激の極みである。

チェコの首都プラハで演説した後，聴衆に手を振るオバマ米大統領（2009年4月5日，ロイター＝共同）

第1章

被爆国の「素顔」

オバマの核政策転換に立ちはだかった日本

権力の館

米国の首都ワシントンのシンボルは、何と言ってもホワイトハウスだ。大統領とその家族が日々、寝食を共にしながら、国際政治や米国内政の最終決定を行う「権力の館」である。ホワイトハウスは、大統領と家族が暮らす中央のエクゼクティブ・レジデンス、その東側に位置するイーストウィングと西側にあるウェストウィングからなる。

ウェストウィングには、まさに楕円形をなす大統領執務室オーバルオフィスが南東の一角に大きく構える。副大統領や大統領補佐官、大統領報道官のオフィスもあるウェストウィング。その地下には、大統領が時に軍事作戦や秘密作戦を指揮するシチュエーション・ルームがあり、おそらく世界最強と呼べる権力中枢がこの館に鎮座している。

ウェストウィングから小道を挟んだ西側には巨大なビルがあり、大統領が陣取る「権力の館」を見下ろしている。一七世紀ルネサンス時代の面影を残すフランス第二帝政期の建築様式を誇る「アイゼンハワー行政府ビル」だ。地下部分とグランドレベル、さらにその上に五つのフロアを持つビルで、ホワイトハウスのホームページによると、もともとの部屋数は五五三。一八七一年から八八年にかけ、何と一七年もの長き歳月を費やして築かれた巨大建造物で、当初は国務省、陸軍省、海軍省の合同庁舎だった。

それが今や、大統領への忠誠心厚いエリート官僚たちが日々、執務をこなすオフィスビルとなっている。それは「権力の館」であるホワイトハウス本丸を下支えすると同時に、時には政策誘導によって大統領を、さらには米国民全体をも操ることすら決して不可能ではない、もうひとつの「権力の館」である。

アイゼンハワー行政府ビルには、副大統領の事務局オフィスをはじめ、米国のみならず世界の安全保障の趨勢をも左右する国家安全保障会議（NSC）事務局、膨大な米国家予算の立案役として予算教書を毎年議会に提出する行政管理予算局（OMB）、宇宙やエネルギー、原子力など科学技術政策の総元締めである科学技術政策局（OSTP）などが陣取っている。

いずれもホワイトハウスの下部組織であり、米国の新聞記者やジャーナリスト、また私をはじめ日本など各国メディアの記者や特派員は、このビルに詰める官僚たちのことを「ホワイトハウス・オフィシャル（当局者）」とか、「アドミニストレーション（政権）・オフィシャル」と総称する。また、日本の役所で言うところの課長・部長以上の官僚なら「ホワイトハウス高官」あるいは「政権高官」の肩書で呼ぶ。

かれらの多くは、ハーバード大学のケネディスクールやスタンフォード大学など米国の名門大学、大学院を卒業した精鋭中の精鋭だ。博士号を保有し、直近まで大学教授だったアカデミック・エリートも少なくない。弁護士資格を持つ者はもちろん、中には高額所得者として知られる著名な弁護士もあたりまえのように「宮仕え」をしている。

そんな出自や実力にもかかわらず、ホワイトハウスの高官や当局者は実に慎み深い。私もワシントン特派員時代から一五年以上、何度もアイゼンハワー行政府ビルに勤める高官らを取材してきたが、実名でのインタビューに応じるスタッフはきわめて少ない。ただ、機微な情報や現在進行形の政策を扱っているかれらは時として、匿名あるいはオフレコを条件に取材に応じる場合がある。

以下は私の個人的な印象であり観察だが、多くのエリート官僚の意識には、「大統領の下支えをしている自分の名前が表に出るのは何ともおこがましい」「自分の携わっている政策はあくまで大統領の政策であり、私個人の名前を出す筋合いの話ではない」という、匿名の美徳や無名の善意が少なからず働いているように思われる。

特にかれらは、大統領本人とやりとりした内容や自分が直接耳にした大統領の言葉を表に出したがらない。これは、『権力の館』の主はあくまで米国民が選んだ大統領であり、その人と公益のため、ただただ尽くすのが自分の使命」というプロの矜持が底流にあるからではないか。主人を差し置くとは何事か、という謙虚さと勤勉さが、インタビューのスタイルにも自ずと表れているのではないだろうか。

核の先制不使用

第四四代米大統領バラク・オバマが被爆地・広島を初めて訪れてから四〇日後の二〇一六年七月初旬、私はもうひとつの「権力の館」であるアイゼンハワー行政府ビルのセキュリティゲートをくぐった。事前にパスポートをPDF化してメールで送り、セキュリティチェックをすませていたため、金属探知機さえパスすれば、ホワイトハウスの敷地内に比較的簡単に入れる。

エスコート役の職員が現れ、アイゼンハワー行政府ビルのエレベーターに案内され、用意された階上の一室へと通される。ダークブラウンを基調とした木目の内装が歴史を感じさせる会議室だ。しばらくしてそこに登場したのは、ホワイトハウスのNSC高官だった。旧知の人物であり、いつも通り、取材を行う際のルールは「バックグラウンド」。つまりこの高官の実名を記事化してはいけないことが条件だった。

この高官はオバマの広島訪問にも尽力した経緯があり、私は握手してあいさつを交わし、まず彼の個人的な努力に敬意を表し、一日本人として素直な感謝の気持を伝えた。その後、私は事前に民間研究者や議会関係者から得ていた、ある重要情報に話の水を向けた。

「ここへ来る前にオバマ政権が核兵器の先制不使用政策を検討しているとの情報に接したのだが、それは本当なのか」と。

「核の先制不使用(筆者註:先行不使用と表現する識者もいる)」。読んで字の如し、自分が相手より先に核兵器を使わないと宣言する政策だ。米国は一九四五年八月六日、最初に広島へ原爆を落として以来、今日までの七〇年余、戦況次第では敵に対して先に核兵器を使う先制使用の核軍事戦略を堅持してきた。

そんな長年の先制使用の基本政策を放棄し、相手が核兵器を先に使うまで、つまり、こちらが敵の核攻撃に遭うまでは「核のボタン」は押さず、じっと堪え忍ぶ。そしてもし、相手が先に核を使ってきたなら、それは互いに核を使わない相互抑止の構図が崩れたことを意味し、その時になって初めて、わが方も核使用に打って出る——。

これが先制不使用だ。仮に米国がここへ向け舵を切るなら、米国の核戦略の一大転換となる。

繰り返すが、米国は一九四五年八月六日に広島へ、そして九日には長崎に原爆を投下した。一般市民が大勢暮らす非軍事的ターゲットへの核攻撃であり、紛れもない核の先制使用だった。

第二次世界大戦中、仁科芳雄博士による「ニ号研究」など原爆開発の研究プロジェクトが実在していたとはいえ、日本が核保有国でなかったことは言うまでもない。いくら米軍が沖縄を含む太平洋の島々で旧日本軍と死闘の限りを極める肉弾戦を繰り広げたとはいえ、核兵器を持たない非核保有国、しかも降伏・敗戦へ向かって国家体制崩壊の坂を転げ落ちようとしていた敵国の無辜の民に対し、残虐兵器を無警告のまま一度ならず二度も使ったことは、国際人道法にもとる戦争犯罪行為と呼ばずして何と呼ぼうか。

米核戦略の源流「大量報復戦略」

ともあれ、米国は戦後一貫して核の先制使用政策を採ってきたわけだが、ナチスドイツと日本の降伏により第二次世界大戦が終結した後、先制使用の矛先はもっぱらソ連へと向かった。

廃虚と化した国土に大戦の深い爪痕を残したフランスや、死力を尽くして枢軸国と戦った英国をはじめ、大戦後の欧州には戦後復興の重荷がずしりとのしかかった。中でも東西冷戦が静かに進行する中、国防力の再構築、つまり国軍の再編は重くて大きな課題となった。

欧州とアジアの二つの戦線に多くの師団を送り込み、巨額の国防費を費やした米国とて苦しい事情は同じだった。特に、戦後の新たな国際秩序を築く営みと並行して冷戦が本格化し、一九五〇年六月の朝鮮戦争開戦で「熱線」が勃発すると、ワシントンはさらなる重圧と新たなる負担、そして戦線悪化に伴い、途方もない苦境に陥った。

〔米情報機関の見積もりでは〕ソ連は一七五もの師団をそろえ、うち三分の一が定員を満たし、三分の一は一部定員が足りず、残りの三分の一は〔特別の訓練を受けた〕幹部集団だった。…朝鮮戦争発生時、米側に戦闘可能な師団は七つしかなく、手段が限られていたため、われわれの政策上の選択肢は明らかに制約を受けていた(Ernest R. May, ed., *American Cold War Strategy: Interpreting NSC 68*, Bedford/St. Martin, 1993, p. 106)。

稀代の米戦略家として知られたポール・ニッツェがこう回想したように、第二次世界大戦に多大なる国力を投入した米国は戦後、たとえ英仏と束になっても、通常戦力で圧倒的な優勢を誇るソ連には到底、太刀打ちできない状況となっていた。兵力数の差が歴然としていたからだ。

そんな米ソ間の戦力ギャップを何とか埋めようと、米国が熱い視線を注いだのは、広島と長崎で驚愕すべき破壊力を世界に見せつけた核兵器だった。

特に一九五三年、欧州戦線で挙げた数々の武功により国民的英雄となった陸軍元帥のドワイト・アイゼンハワーが大統領の座に就くと、米国の核兵器への傾斜は二次関数が描く放物線のように、極端な上昇カーブを描いていった。

交戦時において米国は、核兵器を他の弾薬と同じように利用可能なものとみなすだろう。これらの兵器を同盟国領土内にある米軍基地から使用するに当たり、その同盟国の同意が必要な場合は、同盟国から使用への事前同意を迅速に取りつけなければならない。

これは、アイゼンハワー政権がソ連の水爆保有宣言から二カ月後の一九五三年一〇月にまとめた政策文書「NSC162／2」にある一節だ。アイゼンハワーはこの政策文書を通じ、「ニュールック」と呼ばれる新たな安全保障戦略を打ち出した。その神髄は、核戦力を背景とした「大量報復戦略」だった。かみ砕いて言うと、核の威嚇を前面に押し出しながら、ソ連による西側侵攻の抑止を狙った新たな封じ込め戦略である。

大量報復戦略の策定は、政治目的達成の手段として、核兵器の間接的な使用に戦略上の明確な意義を与えた、初の本格的かつ体系的な核戦略の誕生を意味した。また大量報復戦略は、その後、改定や部分修正が加えられながら、現在にまで脈々と続く米核戦略の源流となった。そしてその基調こそが、これまで論じてきた核の先制使用である。

NATOに指一本触れても先制核攻撃

兵力・兵員の数で西側を完全に凌駕するソ連を相手に、通常戦力でまともに戦いを挑んだとして、それはまさに多勢に無勢。北大西洋条約機構(NATO)の通常戦力レベルでは、ソ連軍が衛星国のポーランドからオーデル・ナイセ線を越えて西ドイツ領内へ侵攻することを阻むのは容易ではない。

つまり、ソ連・東欧の軍事ブロックと対峙する欧州駐留米軍とNATO同盟国軍だけでは、ソ連の軍事的野心を押さえ込む抑止力としては満足に機能し得ないと一般的に見られていたのである。そこで、軍師アイゼンハワーが西側の抑止力を支える屋台骨として期待したのが、壮絶な破壊力を備えた核戦力だった。

ソ連が西欧諸国に攻め込んできたら、米軍の核爆弾や核ミサイルを使って一気呵成に応戦する。NATO同盟国は先の大戦がもたらした破壊と荒廃を何とか乗り越えながら国軍再建を進める途上にある。そこに指一本でも触れたなら、米国自慢の核兵器で即座に大量報復し、完膚なきまでにソ連軍を瞬時にたたき潰す。さらに戦況次第では、モスクワをはじめソ連や東欧の主要都市をも壊滅させる。ソ連が自分たちの核を使わずとも、また、そのそぶりすら見せずとも、こちらが先に核攻撃する好戦姿勢を最大限アピールすることでソ連指導部に過度な精神的プレッシャーを与え、東側の軍事的策動を徹底的かつ完全に抑止する——。

こんな核の先制使用に根差した核戦略が、アイゼンハワーと彼の国務長官であるジョン・フォスター・ダレスが「生みの親」である大量報復戦略だった。そして、アイゼンハワー政権は大量報復戦略を西側同盟の旗印に掲げ、米国の核兵器を順次、西欧諸国に実戦配備していく。そうやって、ソ連軍の侵攻を危惧する同盟国に「核の傘」を差しかけることで、「核同盟」であるNATOの盟主としての地位を確固たるものに築き上げていったのが、アイゼンハワーのアメリカだった。

一九五四年以降、米国は自身と最も強い紐帯を持つ英国を手始めに、西ドイツ、イタリア、トルコ、オランダ、ギリシャ、ベルギーなどのNATO諸国に核兵器を持ち込み、これを陸上に配備・

貯蔵した。

いざソ連が攻め込んできたらただちに使えるよう、「潜在的な戦場」とみなす西欧エリアに核戦力を本格展開したのだ。国防総省が冷戦後の一九九九年に解禁した文書「一九四五年七月から一九七七年九月までの核兵器管理・配備の歴史("History of the Custody and Deployment of Nuclear Weapons (U)July 1945 through September 1977")」によると、その総量はピーク時の六七年～七〇年代にかけ、七〇〇〇発を優に超えた。

狂気の核戦略「SIOP-62」

仮に東西冷戦下で米ソの軍事的緊張が欧州で極度に深刻化し、ソ連軍の武力挑発に呼応する格好で米国が先制使用政策に基づき核兵器を使ったなら、どんな帰結が訪れたであろうか。先に核攻撃されたソ連が、米国の先制攻撃に堪えた残りの核戦力で応戦するのは必至だろう。

解禁された米軍公文書によると、アイゼンハワー政権は退任寸前の一九六〇年一二月に全面核戦争のシナリオである「単一統合作戦計画(SIOP)-62」を策定したが、それはまさに「狂気」としか表現しようがない軍事作戦だった。

「SIOP-62」は核を撃ち込む爆心地を一〇四三カ所に設定、最大三四〇〇発超の核使用を計画した。ソ連の奇襲攻撃を探知したら、まず最大約一五〇〇発の核をソ連の核基地や軍事拠点などに投下する。さらにソ連や中国の都市多数を核攻撃、一〇〇万人単位の犠牲者が出ることを前提としていた。

SIOP-62の狂気性をより具体的に示すのは、広島と同程度の規模を持つ都市への攻撃方法だ。こうした都市への核攻撃は、広島型原爆「リトルボーイ」の五倍に当たる爆発力八〇キロトンの核爆弾三発を三カ所に投下することがマニュアル化されていた。破壊すべきターゲットは一切撃ち漏らさず、無実の市民の暮らしなどお構いなしに、根こそぎ壊滅し尽くすという壮絶な全面核戦争の青写真が「SIOP-62」には描かれている(Headquarters, Strategic Air Command, History & Research Division, "History of the Joint Strategic Target Planning Staff: Background and Preparation of SIOP-62"; Memorandum for the Record, "Secretary McNamara's Visit to the JSTPS, 4 February 1961," February 6, 1961)。

アジア最大の「核弾薬庫」だった沖縄

西側の盟主たる米国は欧州のみならず、アジア太平洋地域においても、米軍占領下にあった沖縄を起点に一九五四年末から核兵器の実戦配備をひそかに進めた。

そのタイミングは、中国共産党と台湾国民党が軍事的に鋭く対峙した第一次台湾海峡危機の勃発と重なる。危機発生を受け、米軍は核武装した空母ミッドウェーを台湾周辺に送り、金門・馬祖両島を侵攻する勢いだった中国に対し、「核の脅し」をちらつかせ激しく牽制した(Robert Norris, William Arkin, William Burr, "Where they were," Bulletin of the Atomic Scientists, Nov./Dec. 1999)。

沖縄以外にも、米国はアジア全体に「核の傘」を張りめぐらす「ニュクリア・プロジェクション(核戦力の投射)」を進めた。具体的には沖縄に続き、韓国、台湾、フィリピンに短距離型の戦術核を順次配備していった。中国や北朝鮮が侵攻してきたら、戦場で「他の弾薬と同じように」(アイゼンハワー)核兵器を使うためだ。

そして、グアムを含むアジア太平洋地域に持ち込まれた核兵器の総数は最大三二〇〇発を超えた。沖縄にはその多くが配備・貯蔵されることになり、ベトナム戦争ピーク時の一九六七年、沖縄だけでその数は約一三〇〇発に上った。沖縄はベトナムへの重要な米軍の出撃拠点であると同時に、アジア最大の「核弾薬庫」だったのだ。

なお、キューバ危機のあった一九六二年一〇月下旬には、沖縄・読谷村にあった核巡航ミサイル「メースB」に誤って発射命令が出されたが、発射作業手続きの不備に気づいた発射管制官の判断で発射が回避されたとする当時の米軍技師の証言もある(太田昌克『日本はなぜ核を手放せないのか』岩波書店、二〇一五年、第一章)。

米核戦略の枢要な機能を担い、核戦争とも隣り合わせにあった沖縄からは、一九七二年の本土復帰に伴って米軍の核兵器が全面撤去された。そして、それから二〇年後に冷戦が終焉すると、アジアに大量拡散配備されていた米国の戦術核は、東西の緊張緩和を背景に、すべてが米国本土へと引き揚げられた。

秘密の暴露

核の先制使用の源流をたどる歴史のストーリーから、再び「権力の館」に話を戻したい。

米大統領オバマの広島訪問から四〇日後の二〇一六年七月初旬、ホワイトハウスのすぐ隣にあるアイゼンハワー行政府ビルで面会したホワイトハウスのNSC高官は、「オバマ政権が核兵器の先制不使用政策を検討しているとの情報に接したのだが、それは本当なのか」との私の問いに対し、「オフレコ」と前置きした上でこう返答した。

「宣言政策について見直しを進めている。詳しいオプションまではここで言えないが、〔取るべき選択肢は〕核の先制不使用からノー・チェンジまである。それにNPRでも『唯一の目的』政策に言及している」

高官は手ぶりを交えながら、政策見直しで俎上に載っているオプションの範囲が右から左まで幅広くあり、現在進行形で水面下の議論が政権内で行われていると強調した。そして、先制不使用がオバマ政権内でまぎれもなく政策論議の対象になっていることを素直に認めた。オフレコが前提の取材とはいえ、これはこの時点において門外不出の機密情報であり、言ってみれば「秘密の暴露」に相当した。

高官はさらに言葉を続けた。

「最後は大統領がどう判断するかだ。国防長官の〔アシュトン・〕カーター、国務長官の〔ジョン・〕ケリー、エネルギー長官の〔アーネスト・〕モニーツといった閣僚の意見も聞かなくてはならない。〔先制不使用を採用した場合、野党共和党が多数派の〕議会はどのみち批判するだろうから、そんな中で大統領は細い道を探ることになる」

NPR（核態勢の見直し）

なお、このNSC高官の言う「NPR」とは、Nuclear Posture Reviewの略語であり、日本の専門家の間では「核態勢の見直し」と訳されている。冷戦終結後のビル・クリントン、ジョージ・W・ブッシュ（子）の各政権は政権発足に伴い、連邦議会の要請も踏まえ、自分たちの任期内に目指す核戦略の青写真をNPRという政策文書に落とし込んできた。

言ってみれば、NPRは各々の政権が示す核戦略の中期的指針である。

世界最強の核戦力をいかなる局面で使うのか。そのためには、どのような使用のオプションを検討し、かつ用意し、具体的な戦争計画に反映させるのか。たとえ軍事的に直接使用しなくても、核兵器を「政治の道具」としてどう利用していくのか。また米国本土のみならず、同盟国の防衛のために米核戦力をいかに活用し、同盟国自らが核兵器保有に走らなくてもすむよう安心と安全を供与していくのか。さらに、そうした政策を裏打ちする実体戦力としての核戦力について、どのようなペースと予算配分で整備・刷新を図っていくのか……。

その時々の政権が、国防総省（ペンタゴン）や統合参謀本部を中心に策定するNPRは、核をめぐるこうした根本的な問いを体系的に考究・整理する作業であり、その成果物だ。

冷戦終結を受けて登場した一九九〇年代のクリントン政権はNPRの策定プロセスで、現在、米北西部五州にある地下の固定式サイロ（ミサイル発射基地）で計四五〇基が発射準備態勢にある大陸間弾道ミサイル（ICBM）の全廃を一時検討した。ロシアはインテリジェンス活動によってすべてのサイロの位置を正確に把握しているため、もし米ロ間の軍事的緊張が抜き差しならないものとなり、ロシアの存亡が脅かされる事態となれば、クレムリン(ロシアの大統領府)はこのICBMサイロを真っ先に叩きにくる可能性がある。

このようにロシアの先制核使用を誘発する恐れがあるため、「米ロ間の戦略的な安定を損なう恐れがある」との理屈から、ICBMの全面廃棄がペンタゴン内で真剣に論じられたのだった。

しかし、クリントン政権のNPRプロセスを包括的に検証した米専門家のジェーン・ノランによれば、このICBM全廃オプションは、反対する議会保守派と米軍制服組の動きによって最終的には封じられた。その結果、冷戦時代から続くICBMと潜水艦発射弾道ミサイル(SLBM)、戦略爆撃機からなる「核の三本柱(トライアッド)」は冷戦後も、従来通り温存されることになった。

一方、「クリントンNPR」は核実験の停止を正式決定し、兵器用の核分裂性物質の生産モラトリアム(停止)を打ち出した。また、戦略爆撃機の警戒態勢解除にも踏み切り、強大な核戦力に立脚した「恐怖の均衡」から抜け出ようとする軍縮努力を一定程度試みた(Jane Nolan, *An Elusive Consensus*, Brookings, 1999)。

コワモテのブッシュ

民主党のクリントン政権の後、二〇〇一年の「9・11(米中枢同時テロ)」発生で本格的なテロ時代の洗礼を受けたブッシュ政権がまとめたNPRは、一言で性格づけるなら、「強面《こわもて》」だ。

核開発を進める北朝鮮と核開発疑惑のあったイラン、サダム・フセイン政権下のイラクを「悪の枢軸」と時代錯誤的なレッテル貼りで非難し、米国の国益実現のためには武力行使も辞さないネオコン(新保守主義)の強い影響を受けながら、二〇〇三年春にはイラク戦争に踏み切ったブッシュ政権。そのNPRのポイントは次のようなものだ。

①「核の三本柱」を引き続き堅持しながら、ミサイル防衛や通常戦力の増強を図る
②敵の地下施設を破壊する「強力地中貫通型核」や、民間人被害の抑制を狙った「小型核」の開発を目指す
③有事発生に備え、即時に増産可能な柔軟対応型の核兵器製造インフラの整備を進める

ここには、東西冷戦後の雪解けムードにもかかわらず、核兵器の役割を根本的に見直し、大胆な核軍縮を進めようという気概は感じられない。特に、新型核である強力地中貫通型核や小型核の開発をめぐっては、「使える核兵器」につながるとの厳しい批判を議会野党や政権の外から激しく浴びせられた(太田昌克『アトミック・ゴースト』講談社、二〇〇八年、第二〜四章)。

なお「ブッシュNPR」は最高度の軍事機密に指定され、一般に公開されることはなかった。厚い機密のベールに覆われるのが核政策の常である。それでも、こうしてその断片を窺い知ることができるのは、ワシントンの安保・軍事系シンクタンク「グローバル・セキュリティ」に「ブッシュNPR」の中身がリークされたからだった。

この時のリークがなぜ起こったのか、私には知る由もない。ただ、ジャーナリストの経験則に照らせば、リークというものは起こるべくして起こる。多くの場合、リークする側には何らかの政治的意図や思惑があり、「われに大義あり」と考える者が、あえてリスクを覚悟して情報漏えいに踏

み切るケースも少なくない。

もちろん、中には党利党略、すなわち自身の政治的利得のため、情報を意図的に一部メディアに流した上で、スピンをかけるように我田引水の解説を添えることで世論操作を試みる「スピン・ドクター」が少なからず存在することを忘れてはならない。

世界のジャーナリズム史において最も有名なリークは、一九七二年の米大統領選挙に絡むウォーターゲート事件だろう。大統領再選を危ぶんだ共和党のニクソン陣営関係者が民主党本部に不法侵入した上、盗聴器を仕掛け逮捕され、その後「無関係」を主張したホワイトハウスがもみ消しや捜査妨害に動き、最後は第三七代米大統領リチャード・ニクソンが辞任に追い込まれた一大政治スキャンダルだ。

事件発覚の過程で「ディープ・スロート」と呼ばれる情報源がワシントン・ポスト紙のボブ・ウッドワードに重要情報をリークし、それが政権を追い詰めていった。事件から三〇年以上が経過した二〇〇五年、事件当時は連邦捜査局(FBI)副長官だったマーク・フェルトが、自分が「ディープ・スロート」だったと名乗りを上げた。これも世界に衝撃を走らせる大ニュースだった。フェルトは、政権維持のために手段を選ばないニクソンのホワイトハウスに危機感を募らせていたといい、政権浄化への思いが「リークの大義」につながったとみられる。

先制不使用にきわめて近い「唯一の目的」政策

二〇〇八年の米大統領選挙戦中から、核軍縮を「中心的な政策課題にする」と明言していたオバマが〇九年四月五日、「核兵器のない世界の平和と安全を追求する」と訴えたプラハ演説には既に触れた。

そのオバマは、このプラハ演説から丸一年たった二〇一〇年四月六日、自身のNPRをまとめ、その全文を公表した。核戦略を扱うため機密度がきわめて高いはずのNPRを公表すること、しかも全文を開示することは、私には少なからぬ驚きだった。と同時に、この異例の措置は、「核なき世界」の松明を高々と掲げるオバマの並々ならぬ決意表明と受け取れた。

「オバマNPR」には、「核兵器のない世界(a world without nuclear weapons)」の五つの英単語が幾度となく登場する。ここではその詳細に触れないが、「オバマNPR」の大きな特徴の一つは、「核なき世界」に一歩でも二歩でも近づくため、「核兵器の役割を低減する」ことに非常に高い比重を置いたことだ。

冷戦時代は米ソが数万発の核兵器をそれぞれ持ち合い、どちらか一方が先に「核のボタン」に手を掛ければ、もう片方の側の核報復攻撃によって堪え難い損害を受ける「相互確証破壊(MAD)」の戦略概念を基に、「恐怖の均衡」という名の不戦状態がガラス細工のように保たれていた。

オバマはそんな冷戦型モデルから抜け出す必要性を唱え、ポスト冷戦時代の最大の核リスクとみなす核拡散と核テロへの対処をことさら重視した。そして核拡散を進行させないために、世界最強の軍事大国である米国がまず自ら核兵器への依存度を下げる模範を示そうと、「核兵器の役割低減」という当面のゴールを明示したのだった。

この脈絡で、「オバマNPR」にはこんな表現が登場する。

米国は、自国とその同盟国、友好国に対する核攻撃を抑止することを、米国が保有する核兵器の唯一の目的とすることを目標にしながら、核兵器を伴わない〔敵の〕攻撃を抑止するために、引き続き通常戦力能力を強化し、核兵器の役割を低減させていく(U.S. Department of Defense, *Nuclear Posture Review Report*, 2010, p. 17)。

「唯一の目的」――。「権力の館」の一角を占めるアイゼンハワー行政府ビルで二〇一六年七月に私が取材したホワイトハウスNSC高官の発言の中にも、この言葉、「唯一の目的」があった。「唯一の目的」は英語で言うところの"Sole Purpose"だ。それは、敵が先に核兵器を米国や同盟国に使わぬよう、敵の先制核攻撃を抑止するためだけに核兵器を自らが保有する、という政策概念だ。

この「唯一の目的」政策は、核の先制不使用にきわめて近い。「唯一の目的」の場合、敵が核をこちらに使おうとして準備作業を明確に始めた段階で「抑止が崩れた」と判断して、瞬時の差でこちらが先に「核のボタン」を押す可能性もある。ただ、それでも相手が先に核攻撃準備に動かなければ、こちらもじっと座しているわけで、先制不使用とほぼ同義語と言える。

核戦略転換の「問題は被爆国日本」

アイゼンハワー行政府ビルのオフレコ取材で、秘密を暴露したホワイトハウスNSC高官。私との一時間に及ぶやりとりの中で、彼はこうも発言した。

「韓国とNATOの多くの国は何とか制御(manage)できる。問題は日本とバルト諸国だ。ところで岸田外相はこの先どうなるのか。閣僚の入れ替えは近くあるのか」

オバマ政権が核の先制不使用に踏み切れば、米核戦略の一大転換だ。米軍の運用する核戦力は何も米国一国のみを守るための道具ではない。「核の傘」という言葉がまさに表象するように、親分格の米国は庇護する同盟国に「何かあったらおれの核で守ってやるから」と念を押し、自分より腕力の弱い者に「傘」を差しかけてきた。そうすることで同盟国の安全保障を担保し、西側同盟の結束を確かなものとしてきたのだ。そしてそれは、冷戦から今日に至るまで、米国を同盟の盟主たらしめる政治力の源泉として作用してきた。

米国の核戦力は同盟国にしてみれば、単に米国だけの財産ではなく、いわば「公共財」なのだ。その公共財の重要性と効用を信じて疑わない同盟国にとって、米国が急に「核軍縮を推進する大統領の意向で核戦略を変更したい」と言い出すのは、ただならぬ事態だろう。

特に、近隣にリアルな実存的脅威を抱える国ほど事は深刻に映る。具体的には、北朝鮮の核の脅威に直面する日本と韓国、武力を背景にウクライナ領クリミアを併合したロシアと歴史的な因縁を持つエストニア、ラトビア、リトアニアのバルト三国である。

「問題は日本とバルト諸国」。こう明瞭に言い切った高官は右のように地政学的な思索をめぐらせた。そして、一九六四年一〇月の中国による最初の核実験以来、ことあるごとに首脳レベルで「核の傘」の確約を求め続け、冷戦後も「傘」にしがみつき続けてきた被爆国の「素顔」を思い浮かべたようだ。

なお、NSC高官が広島選出の衆議院議員であり、この時点で安倍内閣の外相だった岸田文雄の動向を聞いたのは、ちょうどこの頃、参議院選挙とそれに続く内閣改造が迫っていたからだ。核軍縮を「ライフワーク」と位置づける岸田なら、自分たちが真剣に検討を進める先制不使用に対し、多少の理解を示してくれるのではないか。高官はそんな淡い期待をにじませた。

オバマの政策変更　五つの主要テーマ

このホワイトハウスNSC高官を訪ねた翌日、もう一人、別のホワイトハウス高官を取材した。「自分が外に出た方が、厄介なセキュリティも省けるだろう」と言ってくれ、ホワイトハウス近くのスペイン料理店を待ち合わせの場所にした。

七月上旬でやや湿度を感じるが、吹く風はさわやかだ。昼間の熱気を失った柔らかな夕陽がホワイトハウス周辺を照らす。

「オバマ大統領は自身のレガシー(政治的遺産)を固めようとしている。おそらく政策変更の方向に動くのではないか。従来なら、退任予定の大統領は七月一日を過ぎると、新しい政策を打ち出さず、既に表明した政策の完遂を目指すものだ。だから今から新しい政策を打ち出すのは、時既に遅しだが……」

このホワイトハウス高官も、オバマ政権内で核政策の見直しが進んでいることを認め、「核の先制不使用も政策見直しのテーマの一つ」だと言明した。

ただ彼が指摘するように、残り任期が半年に迫った「去りゆく大統領」が新たな政策を立案し、国策の方向性を変えるのは、ワシントンの政治慣行としては掟破りのようだ。既に次の大統領を選ぶ国民的プロセスが進んでおり、その行方を静かに見守るべき現職は、それまでに決めた政策を粛々、かつ淡々と履行するのが本来あるべき姿なのだ。

この高官やオバマ政権に近い専門家への取材、さらにその後のワシントン・ポスト紙の報道などによると、オバマの広島訪問後、見直し作業は以下の五つの主要テーマに焦点が絞られていた(Josh Rogin, "Obama plans major nuclear policy changes in his final months," *Washington Post*, July 10, 2016; Bruce Blair, "How Obama Could Revolutionize Nuclear Weapons Strategy Before He Goes," June 22, 2016, *Politico*; 戸崎洋史「核秩序の動揺――抑止と軍縮・不拡散へ日本の選択」金融財政ビジネス、二〇一七年四月一〇日も参照)。

①核の先制不使用
②「警戒即時発射」と呼ばれる、核ミサイルの即時発射態勢の緩和
③二〇一一年に米ロ両国間で発効した新戦略兵器削減条約(新START)の五年間延長(条約は二〇二一年に失効の予定)

④核実験禁止の規範を強化するための新たな国連安全保障理事会決議の採択
⑤核兵器の近代化計画

②は①の先制不使用とも関係する問題だ。米国では約九〇〇発の大陸間弾道ミサイル（ＩＣＢＭ）と潜水艦発射弾道ミサイル（ＳＬＢＭ）が即時発射可能な状態にある。軍事衛星などがもたらす早期警戒情報でロシアの核ミサイル発射を確認できたら、大統領はこれら敵のミサイルが米国に着弾するまでに「核のボタン」を押す即応態勢を取っている。

敵のミサイルが米国の核ミサイル施設やホワイトハウス、ペンタゴンを壊滅させてしまってからでは、反撃するにはもはや手遅れとなるため、着弾前に大統領が核攻撃を決断するのだ。しかし、そのために大統領に許された時間は、わずか六～一二分しかない。

冷戦時代を彷彿とさせる、この古色蒼然とした「間一髪」の発射態勢は、実は大きな核リスクと背中合わせでもある。仮に早期警戒情報に誤りがあるにもかかわらず、「敵のミサイル発射情報」がホワイトハウスに届き、そのまま誰も間違いに気づかず、大統領が「核のボタン」に手を掛けたら、それこそ取り返しのつかない世界的な大惨事となる。実際、そんな場面が何度かあった。

有名なのは、一九七九年一一月九日未明、第三九代米大統領ジミー・カーターの補佐官ズビグニュー・ブレジンスキーに届いた「ソ連の潜水艦が二二〇発の核ミサイルを米国に向けて発射した」との誤情報だ。この数字はたちまち「二二〇〇発」に膨れ上がり、ブレジンスキーにはさらなる戦慄が走る。だが、結局、これは早期監視の運用システムに誤って訓練用の音声テープが挿入されたことに起因するミスだとわかった。

なお、ブレジンスキーは誤情報であると判明する前、就寝中の妻を起こさなかったというエピソードがある。起こさなかったのは、愛する者を恐怖の奈落に突き落とすより、眠ったまま「突然死」させる方が慈悲深いと考えた結果だった。

「潰したいなら書け」

仮に先制不使用に舵を切れば、こんな「間一髪」の即時発射態勢のリスクを多少なりとも軽減できる。米国が目下モンタナやワイオミング、ノースダコタなど五州に配備中の四五〇基のICBMは、先制使用も視野に入れて即時発射可能な態勢にある。

仮に米大統領が先制不使用を宣言すれば、先制攻撃任務を兼ね備えたICBMよりも、海中に潜行しているため生存性が高く、報復攻撃に主眼を置くSLBMにさらなる比重が移ることになる。そして最終的には、固定式サイロに格納されているため、相手の先制攻撃の標的となりやすいICBMの有用性そのものが見直され、廃棄の方向へと進むだろう。

その際に立ちはだかるのは、ミサイル削減で地元への国防予算配分が激減することを恐れる当該五州の政治家だ。特に連邦議員はこれまで、そうした核軍縮の流れを遮断する役割を果たしてきた。

③は、二〇一四年のロシアのクリミア併合で冷戦状態に逆戻りした米ロ関係を踏まえ、たちまち新たな核軍縮条約を締結するのは不可能だから、せめて現存する条約の期間を延長して次の条約交渉まで時を稼ぐのが狙いだろう。

配備戦略核の上限を定めた新STARTは米ロにそれぞれ、年一八回の現地査察を保証している。

現地査察を通じ、互いが核弾頭や弾道ミサイルの数を検証できれば、(1)一五五〇発の核弾頭、(2)七〇〇基の運搬手段(未配備ならさらに一〇〇基保有可能)という条約の上限が順守されているかどうかをチェックすることも可能になる。

④は、一九九六年成立の包括的核実験禁止条約(CTBT)が米議会共和党の反対で一向に批准できず、オバマの意思に反して米国自らがCTBT発効をブロックしている実情を踏まえ、少しでも核実験禁止へ向けた気運を高めたいとするオバマ政権の意向が強く働いている。

最後の⑤については、ICBMやSLBM、戦略潜水艦や戦略爆撃機の老朽化に伴い、今後三〇年間で一兆ドル(約一一〇兆円)もの巨費が必要とみられる核戦力の刷新・近代化について、計画そのものを縮小できないか、その是非が論点となっていた。

「先制不使用をめぐっては、カーター国防長官以外にも反対する者が政府内にいる。それから、同盟国の存在も大きい。やはり問題は日本だ。先制不使用を採用すれば、確かに同盟国の防衛に影響が出る。

しかし、より大局的に物事を見るなら、先制不使用には核不拡散上の効果がある。米国のような強大な通常戦力を持つ国が核の先制使用に固執し続ければ、自国の安全保障により不安を抱く国の目にどう映るだろうか。そしてかれらはどんな行動に出るだろうか。そうした国が核を求めれば、核拡散につながる。先制不使用政策の採用で同盟国の安全保障を懸念する声も理解できるが、私なら核不拡散上の効果をより重視する」

スペイン料理店での夕食を兼ねた取材はやがて二時間を過ぎようとしていた。「八時からオフィスで用事があるから」と言って「権力の館」に戻っていったホワイトハウス高官は、右のように力説して議論を締めくくった。

なお、彼がテーブルから離れる前、私はジャーナリストとしての流儀を守りたいと思い、「今の話は書いていいのか。バックグラウンドなら?」と質問した。彼の返答はこうだった。

「実はワシントン・ポストとニューヨーク・タイムズの知り合いからも、この問題で接触を受けている。かれらには、こう伝えた。『この政策を潰したいなら書け』と」

ホワイトハウス周辺はすっかり薄暗くなっていた。夜の帳が下りる中、高官の別れ際のひと言は心の中に静かに、そして重く響いた。

殺し文句

「潰したいなら書け」の意味するところは明らかだった。

核の先制不使用をめぐるオバマ政権内の意見は割れている。スペイン料理店でホワイトハウス高官が明言したように、軍事作戦でのフリーハンドを求める軍部の利害を代弁する国防長官のカーターは反対の立場だ。一方、オバマ本人が重視してきた核軍縮を少しでも前へ進めたいと考えるホワイトハウスの高官らは先制不使用を支持している。私が取材した二〇一六年七月上旬の時点で、オバマ政権内の意見集約や政策調整は終わっておらず、核政策の見直し作業は道半ばの段階にあった。

さらに「やはり問題は日本だ」の言葉が象徴するように、先制不使用への政策変更に踏み切った場合、「『核の傘』の下にある同盟国日本が一体、何と言うだろうか。おそらく反対してくるのではないか」との危惧がオバマ政権内で増幅していた。米側関係者の脳裏に、被爆国の「素顔」がちらついていたのだ。

そうした中、政策変更へ向けた支持を政権内で固め切れていない、いわば生煮えの状態で「米政府が先制不使用を検討」とメディアに書かれてしまえば、軍部などの反対派に塩を送ることになり、議会保守派から噴出するであろう反対論も加勢して、この話がたちどころに潰されてしまう恐れがあった。

まさに、「書けば潰れる」というリスクが確かに存在した。「潰したいなら書け」「書けば潰れる」との言葉には私自身、日本と米国を問わず取材現場で何度も直面したことがある。慎重に事を運びたい当事者が記者に使う常套句と言ってよく、中にはブラフ(はったり)をかけるために用いられることも少なくない。しかし今回ばかりは、そうでないことが高官の言葉の端々からひしひしと伝わってきた。

それにしても、日本人記者を目の前にして「日本が問題」と明言した二人のホワイトハウス高官の真意はどこにあったのか。多かれ少なかれオバマの広島訪問に感銘を受けた日本人が、米国の核政策変更をどう受けとめるのか、私から何となく感触をつかみたかったのか。それとも日本政府がどこまで本気で反対するのか、その対応ぶりを量りあぐねているのか。いずれにせよ「核の傘」の庇護下にある日本に相当気をもんでいることはまちがいない……。

ワシントンからの帰りの機中では、こうも考えた。「仮にこのオバマ政権内の動きを活字にできたら、世界的なスクープになるのだが……」。書いてナンボの新聞記者ゆえ、ついつい欲が出てしまうが、「潰したいなら書け」のひと言は、私にはオフレコよりもきつい殺し文句だった。

日本政府は寝耳に水

それにしても、「事実は小説よりも奇なり」とはよく言ったものだ。日本に帰国し、共同通信のオフィスに戻った二〇一六年七月一一日正午すぎ、私にとっては驚愕のニュースが太平洋の彼方から飛び込んできた。

米紙ワシントン・ポストは、オバマ大統領が新たな核政策を決定する見通しだと伝えた。複数の案の中には核の先制不使用宣言や核実験を禁止する国連安全保障理事会決議の採択などが挙がっている。歴代米政権は核の先制不使用を受け入れない立場を堅持しており、決定すれば大きな方針転換となる。

こんなワシントン電が突如流れ、共同通信の加盟新聞社に配信された。この報道が出る直前まで「何とか書ける手立てはないものだろうか」と内心、ずいぶんと思案していたが、そんなことなどまるでお構いなしに、ワシントン・ポストは核政策見直しについて詳細を報じ、「核の傘」の下にある同盟国の立場に配慮する議会保守派の否定的な見方まで伝えていた(Rogin, "Obama plans major nuclear policy changes in his final months")。

私はワシントン・ポストのウェブサイトで英文記事を確認し、すぐさま受話器を取った。日本政府内で安全保障政策を担当する複数の高官に取材するためだ。

平日、しかも週初めの月曜ということもあってか、多忙なかれらにすぐにはアクセスできなかったが、一時間ほどしてから、一人の高官からコールバックがあった。先制不使用の検討を伝えるワシントン・ポストの報道内容、さらに私自身が前の週にホワイトハウスで見聞してきたことを説明し、「日本政府は既に何らかの打診を受けているのか。先制不使用について米側から何か聞かされているのか」と単刀直入に質問をぶつけてみた。

日本政府高官は咄嗟にこう返答した。

「ノーコメント……というか、聞いていない」

この高官は安倍晋三首相にも頻繁に外交・安保政策をブリーフィングする要職にある。その彼が「聞いていない」と断言する。オバマ政権の核政策見直し、先制不使用の検討は日本政府にとってまったくの寝耳に水だった。

米国が提供する「核の傘」が北朝鮮と中国の抑止を目的としていること。日本政府が軍事的脅威とみる中国が既に、核の先制不使用を宣言していること。ただ中国の核戦力と核戦略はあまりに不透明であり、日本の安全保障にとっては重大な問題であること。一方、米国が中国同様、先制不使用に舵を切れば、米中間で核をめぐる対話構築に道が開けるかもしれず、その結果、中国側の透明性が高まるメリットが期待できること……。

受話器越しに約一〇分間、互いにこんなことを議論しながら、高官は米国が先制不使用を採用した場合のデメリットについてこう明言した。

「中国の言う最小限抑止もどこまで信用できるか。あと北朝鮮のBとCだ。金正日ならまだしも、指導者が金正恩だときついよね」

先制不使用を表向き堅持している中国は、敵に核攻撃を思いとどまらせるため、いざと言う時に必要最低限の損害を敵に与えられる核戦力を保有する「最小限抑止」の軍事ドクトリンに依拠しているとされる。そうならば、米国も核の先制不使用を宣言して「核の役割低減」に動いたとしても十分な対中抑止力を維持できるはずだ。

しかし、この高官は「そもそも、中国が公言していることをどこまで信じていいのか」と言葉を継ぎ、日本政府内全体に充満する対中不信に言及した。

高官はさらに、北朝鮮が生物兵器(B)と化学兵器(C)を開発・保有していることに触れながら、先制不使用に転じれば、北朝鮮のBC攻撃を抑止するための「核の脅し」が効かなくなるのではないか、との疑念を呈した。

しかも現在の指導者は、かねて経験不足が指摘され、体制引き締めのために近親者の粛正をも厭わない朝鮮労働党委員長の金正恩だ。不確実性の高い潜在敵国の内情が、日本の政策決定者を「核の傘」へとより傾斜させている内実が、受話器の向こうから伝わってきた。

安保族の言い分

それから一時間後、今度は外務省のある幹部がコールバックしてきてくれた。この幹部も宰相の安倍に通じる枢要な政策決定者の一人である。彼もオバマ政権内で進められる政策見直しについては何も知らなかった。私の説明を一通り聞いた後、幹部はこう口を開いた。

「その話は初めて聞いた。オバマが広島に来たから、何か核のレガシーをやるのかなと想像はしていたが、NFUとは思っていなかった。NFUで問題になるのは、拡大抑止との関係がどうなるかだ」

私の取材メモに残されている「NFU」の三文字。これは、先制不使用の英語名No First Useの略称だ。この幹部も拡大核抑止、つまり先制不使用への政策転換が「核の傘」に与える影響を真っ先に心配材料に挙げた。やはり何を置いても「傘」の信頼性と確実性が肝要というのは、この幹部や先の高官をはじめ日本政府内の「安保族」の言い分のようだ。

そして、電話口でこの幹部はこうも言葉を続けた。

「［これまでの政策の範囲内で］政治的に何かするというのならいいが、米国が不用意にNFUを言い出すと、核を使った個別的自衛権は、原爆を落とされるまで行わないということになる。自衛権の範囲なら合法的行為であるにもかかわらずだ」

国連憲章や日本国憲法によって個別的自衛権が元来、日本には認められている。日本は被爆国という性格上、国民の間に反核感情が根強いが、米国の核戦力もあてにしながら、いざという時には自衛権の行使に踏み切る。また場合によっては、自衛権行使の手段として米国の核使用にも頼らざるを得ない。それなのに、米国が核の先制不使用を言い出すと、敵が核で攻撃するまで米国は核が使えず、そうなると日本が真っ先に核兵器の犠牲となる恐れも出てくる。そうなると、「アナザー・ヒロシマ」ではないか——。

これが、この幹部の言わんとするところだった。固有の被爆体験に根差して核廃絶を希求する半面、同盟国の「核のパワー」が醸し出す脅しと威嚇に国家の安寧を託す被爆国の「素顔」がここにも見て取れる。

「核なき世界」なんて……

このやりとりから四日後、今度は首相の安倍が長年厚い信頼を寄せる政府要人の一人と電話がつながった。「先制不使用の件について何か米側から聞いているか」と尋ねたら、こんな答えが返ってきた。

「米側に聞いたら、検討対象の一つということだった。ただ、何かはっきりしないところもある。〔仮に先制不使用に政策変更するのなら日本は〕受け入れられない。そもそも安保のプロでそんな考え方を持っている者は誰もいないよ」

ここまで聞いた私は、軍事力を背景に南シナ海で岩礁の埋め立てを続ける中国が問題なのか、と割って入った。すると、受話器の向こうで先方がこう言葉をつないだ。

「中国の問題もあるし、北朝鮮の問題もある。そもそもこのことは『核なき世界』という次元で考えるべき話ではない。抑止力の次元で考えるべきだ。そうでないと、〔抑止する対象に〕誤ったメッセージを送ることになる。抑止力の観点から言えば」

この政府要人は話が進むに従って、まくし立てるように語気を荒げていった。いささか剣幕モードとなった相手をなだめようと、「先制不使用が無理なら、『唯一の目的』という政策もあるが……」と水を向けたら、さらに激しい言葉が返ってきた。

「〔そんな政策を〕何で日本が受けなきゃならんの。ノーベル賞を取って何もできていないからといって……」

当時の取材メモを読み返すだけで、この要人が電話越しにいらだっている様子が思い浮かぶ。そして、そんな彼の語り口からは、「核の傘」を半ば絶対視する日本の安保政策決定者の本音が感じられ、「被爆国」を冠する国家の内実が浮かび上がる。

オバマはプラハ演説でノーベル平和賞を取って広島にまでやってきたが、核軍縮では目立った成果をあまり上げていない。だから政権末期になって先制不使用を言い出しているのだろうが、日本の安全保障を代償にはできない。「核なき世界」という理想郷を語るレベルで日本の安全保障を論じてもらっては迷惑千万。いくら同盟の盟主とはいってもそんな勝手なマネは許されない――。

こんな主張を展開する彼に、電話を切る直前「安倍総理もあなた同様、先制不使用は受け入れられないとの考えなのか」と聞いてみた。

「そうだろう。総理とは直接、この件でまだ話していないけど」

こう短い返事が返ってきた。

ニューヨークの国連本部で開かれていた核兵器禁止条約制定に向けた交渉会議で，不参加の日本の席に置かれた折り鶴（2017年6月20日，朝日新聞社）

第2章

トランプの影

核兵器禁止条約に背を向ける被爆国

抵抗する被爆国

よもや第四五代米大統領に不動産王トランプが就任するなどとは、まだ想像すらしていなかった二〇一六年一一月二日、私は四カ月ぶりに、「権力の館」であるホワイトハウス隣のアイゼンハワー行政府ビルを訪れた。大どんでん返しの結末となる一一月八日の大統領選挙は、残すところ六日に迫っていた。

セキュリティゲートをくぐると、再びダークブラウンの木目が美しいあの会議室へと案内された。晩秋のワシントンはかなり肌寒いが、古めかしい室内の暖炉にまだ火はない。しばらくして、そこに現れたのは、四カ月前にこの部屋で面会した同じ国家安全保障会議(NSC)の高官だった。

この時点で、現職大統領のオバマに残された時間は二カ月余り。大きな政策転換を行うには、もはや時間がない。オバマの広島訪問を契機とした核政策の見直し、特に核の先制不使用をめぐる政府内の議論の結末はどうなったかと真っ先に尋ねた。

「大統領はまだこの時点で、先制不使用について何の指示もわれわれに出していない。政策変更をするのなら当然、われわれに『同盟国に行って政策調整をしてきてほしい』と指示を出すはずだ。しかし、いまだに何の指示もない。時間的な制約もあっておそらく政策変更はないだろう」

思っていた通りだった。米政府内で「軍人たちの手足を縛る」として先制不使用に反対の声を挙げていた国防総省は、最後まで折れることがなかった。そして、ワシントン・ポストの報道で米核政策見直しの動きを初めて知らされた日本政府も、水面下でオバマ政権に否定的なシグナルを送り続けた。

ワシントン・ポストの最初の報道から二週間後の二〇一六年七月下旬、米太平洋軍の司令官ハリー・ハリスが東京を訪れたが、首相の安倍晋三に近い日本政府高官の一人はこの時、「バカなこと」は考えないでほしいとのメッセージを直接ハリスに示している。

「バカなこと」とは先制不使用政策の正式採用であり、国家安全保障の名の下に日本政府がどっぷりとその身を委ねる「核の傘」に少しでも支障が出ては困るとの意思表示だったという。

なおハリスの来日中、会談した安倍がハリスに先制不使用への懸念を伝達したと、ワシントン・ポストが八月中旬に報じている。

この記事の筆者は、核政策見直しの動きを最初に報じた同紙の安全保障問題担当のコラムニスト、ジョシュ・ローギン。「日本は、オバマが『先制不使用』政策を宣言したら、北朝鮮のような国に対する抑止力が損なわれ、紛争のリスクが高まると信じている。日米両政府の当局者によると、日本の安倍晋三首相はこうした見解を最近、太平洋軍司令官のハリー・ハリス提督に個人的に伝達した」と書いている(Josh Rogin, “U.S. allies unite to block Obama’s nuclear ‘legacy’,” *Washington Post*, August

14, 2016)。

だが、私が取材したところによると、七月二六日に首相官邸で行われた安倍とハリスの会談記録には、ローギンが指摘したような先制不使用をめぐる両者のやりとりは残っていない。機密扱いとなっている日本側会談記録を読んだ二人の政府高官が、そう取材に言明している。

しかしそのことは、任期切れ直前に先制不使用の是非を検討し続けたオバマ政権を前に、日本が沈黙を守ったことを決して意味しない。ハリスに「バカなこと」を考えないよう示唆した日本政府高官の言質を紹介したが、「先制不使用に反対」という〝抵抗のシグナル〟がメディアも使われて東京から発信され続けた。

それでは、被爆国の政府はなぜ、核の先制不使用に反対し、オバマ政権内で構想された核政策の「チェンジ」に抗い続けたのか。その最たる理由はこれまで指摘した通り、「核の傘」にあることはまちがいない。以下に、私自身が直接見聞した日本政府関係者のコメントを順次紹介しながら、「抵抗の被爆国」の実像を詳述していきたい。

怜悧な計算

「先制不使用にはメリットもあるが、デメリットもある。われわれは一〇%でも二〇%でもリスクがあれば、そのリスクを考える必要がある。国民の生命と財産を二四時間、守らなくてはならないのだから……。

核を取り巻く状況は大きく変わった。北朝鮮は潜水艦発射弾道ミサイル（ＳＬＢＭ）まで持ってしまった。つまり米国の本土を狙える〔報復用の〕第二撃を得るかもしれない。ＳＬＢＭがあるからこそ、北朝鮮は米国本土が狙える。伝統的なデカップリングの議論になるが、米国にしてみれば『日韓を守るために、ロサンゼルスを犠牲にできるか』という話になる」（日本政府高官）

首相の安倍に近いこの日本政府高官は、今や核保有国となった北朝鮮の脅威を強調し、核の先制不使用への反対理由をこう説明した。

しかしながら、北朝鮮との戦略的な相関関係を考えると、米国が仮に先制不使用を宣言したら、次のような安全保障上のメリットも考えられる。

たとえば、米朝間で軍事的緊張が極度に高まった場合のことを想像してみたい。南北間で局地的な交戦が始まり、米軍も支援に入ろうとする中、北朝鮮トップの金正恩が「米国はいずれ核を先に使ってわれわれを殲滅するかもしれない」と考えたら、どうなるか。

まさに「窮鼠猫を噛む」の状況に追い込まれた経験未熟な金正恩が先に「核のボタン」に手を掛ける危険がある。だが、米国が既に先制不使用を宣言していればどうか。北朝鮮は米国の宣言を信じないかもしれないが、「先に米国が核攻撃を仕掛けてくるかもしれない」との危惧の念はいくぶんか和らぐだろう。そうなれば、北朝鮮側に自制が多少なりとも期待でき、危機を極端にエスカレートさせない「クライシス・コントロール（危機統制）」上のメリットが出てくる。

右のコメントをした政府高官は、そんなメリットを決して否定しないが、デメリットの方をより重視し、先制不使用に反対している。彼の論じるところのデメリットは、米国が先制不使用に転じることで生じる安保戦略上のリスクだ。

北朝鮮は高度な核軍事能力を獲得しつつあり、米国本土が実際、北朝鮮の核攻撃の標的に収まる事態となれば、米政府内で「米市民の命を危険にさらしてまで、核で日韓を守る必要はないのでは」との「内向き安保論」が台頭するかもしれない。そうなれば、米国とその同盟国である日韓の間で安全保障上の利害相反ないしは相互利害の乖離が生じる「デカップリング」現象が現実のものとなり得る。そうした展開を憂慮するからこそ、今ここで「先に核兵器を使わない」と米国が明言することは日本の安全保障にとって何のメリットもない——。

こんな怜悧な計算が、右のコメントを発した日本政府高官の脳内で繰り広げられているわけだ。なお「日韓を守るために、ロサンゼルスを犠牲にできるか」との文言は、東西冷戦が熾烈な時代にフランス大統領のシャルル・ド・ゴールが言い放ったとされる名言「米大統領は本当にボンのためにシカゴを、パリのためにニューヨークを犠牲にできるのか」を彷彿とさせる。

ド・ゴールは、ソ連が弾道ミサイルで米国本土を狙えるようになれば、米大統領が自分たちの危険を冒してまで欧州の同盟国を守るはずがない、と考えた。つまり、パリやボンの防衛よりも、シカゴやニューヨークを真っ先に守るのが米軍最高司令官の当然の務めであり、東西間の軍事的緊張が激化した状況では米欧間の戦略的利害関係は乖離せざるを得ない。そんな同盟国間のデカップリング現象に危機感を覚えたド・ゴールが一九五〇年代末以降、フランスの独自核武装路線を強力に推進したことは歴史の記すところだ。

安倍政権の拒絶反応

核兵器の先制不使用政策をめぐる安倍政権内の議論。取材の過程では、こんなあからさまな拒絶反応を耳にしたこともあった。

「先制不使用のことを最初に聞いた時は、『とんでもない』という感じだった。やはり問題は北朝鮮だ。中国は先に核を撃つことはない。しかし北は核弾頭を載せたミサイルを撃つかもしれない。撃ってからでは遅い。だから撃たせないためのオプションを手放すことはできない」(防衛省関係者)

「核の傘」が少しでもぐらつくイメージを北朝鮮に与えてはならない。それなのに、米国は同盟国である日本に一切相談のないまま、まるで自分たちの頭越しに重要政策を見直そうとしており「とんでもない」というのが、このコメントの主の真意だ。盟主米国の「核の傘」への絶対的な信奉心が、「先制不使用など論外」という硬直した思考に行き着いている。

さらに前章でも論じたが、北朝鮮の生物・化学(BC)兵器を理由に先制不使用に反対する意見が日本政府内でとりわけ根強かった。取材では実際、次のような言葉にも接した。

「やはり北朝鮮の生物・化学兵器だ。米国が先制不使用を採用しても、北朝鮮が生物・化学兵器を使うハードルは本当に下がらないのか。〔先制不使用を選択した結果〕損なわれる抑止力を米国はどう埋めるつもりなのか……。

何も入口で先制不使用がダメだと言っているわけではない。だから日本としても、喜んで米側とコンサルテーションしたい。しかし、オバマ政権にはもう時間がないのではないか。同盟国とコンサルテーションしても、誰もが喜ぶ形で政策をまとめるには時間がなさ過ぎる」（首相官邸幹部）

トランプ当選　潰えた望み

この首相官邸幹部が指摘するように、核の先制不使用への政策転換を図るに当たり、オバマには時間がなさ過ぎた。大統領選挙まで一週間を切った二〇一六年一一月二日、私が「権力の館」で再会したNSC高官の話に戻りたい。

「ではオバマ大統領は退任まで何をするのか。大統領はいくつかの政策スピーチを行う。まず中東問題がある。それに核問題もその一つに挙げられるだろう」

オバマ本人が強い関心を示した先制不使用のオプションについては、既に実現不可能の判断が下されていた。米核戦略の一大転換という野心的な構想は見送られ、その代替措置として残り二カ月の任期内に何ができるのか。ホワイトハウス内の議論の焦点は、新たな次元へと移っていることを高官は明らかにした。

そしてかれらが新たに考案したのが、自分たちが一度掲げたトーチの火を絶やさず、次の政権にリレーすること。つまり、プラハ演説で高々と打ち上げた「核なき世界」のメッセージをオバマが退任間際の政策スピーチで再確認し、それを次の政権に継承することで、道半ばに終わったオバマ政権の核軍縮・不拡散アジェンダを次の四年間で遂行してもらうという策だった。

その一つは、今後三〇年間で一兆ドル(約一一〇兆円)にも達するとされる核兵器の「近代化計画」の縮少だった。

だが、そんな望みは二〇一六年一一月八日、無残にも水泡に帰す。大統領選挙戦中から、テロ組織に対する核攻撃の選択肢を排除しない姿勢を示し、こともあろうに被爆国日本とお隣の韓国の核武装をも容認することをほのめかした不動産王ドナルド・トランプが、第四五代米大統領への就任を決めたからだ。

オバマは二〇〇九年春にプラハで点火したトーチを、同じ民主党員で自身の国務長官も務めたヒラリー・クリントンに託すつもりだった。一一月八日の大統領選挙のその日まで、トランプの当選が確定するその瞬間まで、オバマとその部下たちはそうするつもりだった。

しかし、忘れもしない一一月八日の夜から翌九日の未明にかけて、全米五〇州は次々と赤く染まっていった。赤をシンボルカラーとする共和党のトランプが不況と失業に苦しむ「ラスト・ベルト」と呼ばれる中西部の接戦州を制し、世界中の大方の人にとっては想定外の選挙結果となった。

「トランプの影」が首都ワシントンを覆い、オバマ・ホワイトハウスの最後の望みはここに潰えた。

秘密メモ

ここで、時計の針を二〇一五年春に戻したい。

この年の三月、ホワイトハウス内である秘密メモが作成された。

相手の核攻撃までこちらが核兵器を使わない先制不使用の採用、核保有の目的を敵の核攻撃を抑止することに限定する「唯一の目的」、現職米大統領として初めてとなる広島訪問、広島では「責任ある核保有国」として大統領演説を行うこと、保有核弾頭数のさらなる削減、ICBMやSLBM、戦略爆撃機を刷新する核兵器近代化計画の見直し……。

オバマの大統領退任まで残り二年を切る中、限られた時間を使って政権の看板政策である核軍縮・不拡散政策をいかに推し進めていくか、具体的な政策オプションが米政府内で論じられ始めた。この作業に携わったNSC高官は「この時以降、いろんな政策が検討された」と取材に明かしている。

既に触れたように、二〇〇九年四月五日、オバマはプラハで「核兵器のない世界の平和と安全」を目指すと世界に宣言した。このプラハ演説はオバマにノーベル平和賞を授け、「核なき世界」を提唱する若き黒人大統領の登場を国際社会は熱烈に歓迎し、核廃絶への希望の光を見いだした。

しかし、配備中の戦略核弾頭を米ロが各一五五〇発まで削減する新戦略兵器削減条約（新START）が二〇一一年二月に発効してからというもの、そんな希望の光は徐々にかすんでいった。米国のミサイル防衛（MD）配備にロシアが疑念を募らせる中、ロシア大統領のウラジーミル・プーチンが一四年三月、ウクライナ南部のクリミアを併合し、気づけば、米ロ関係は冷戦さながらの対決モードへと退化していた。

オバマは二〇一三年六月、ベルリンで演説し、戦略核弾頭を一〇〇〇発レベルにまで下げる追加的な核削減をプーチンに呼び掛けた。しかし、対米不信を深めるプーチンはこれに一向に応じず、人知れず、核軍縮には新たな「冬の時代」が訪れていた。

そんな「核なき世界」への逆風が吹き荒れる中、核軍縮気運の再起を狙って作成されたのが二〇一五年三月の秘密メモだった。

足を引っ張った日本

ホワイトハウスの秘密メモに列挙された政策オプションは、その一部が日の目を見た。その代表格が二〇一六年五月二七日のオバマの広島訪問だ。プロローグでも言及したが、原爆を投下した国である米国の元首と、きのこ雲の下の地獄絵を生き抜いた被爆者の抱擁は、世界中に大きな感動を呼んだ。

このオバマの広島訪問を追い風に、米政府内の軍縮推進派は核政策の見直しを敢行しようと、最後の巻き返しに出た。その最大の焦点は核の先制不使用政策の採用だった。オバマ政権に近いワシントンの核専門家によると、大統領の広島訪問からたった二〇一六年六月六日、国務省、国防総省など関係各省の高官が一堂に会し、先制不使用の是非を本格的に議論した。

さらに七月に入ると、オバマ臨席の下、国務長官のジョン・ケリー、国防長官のアシュトン・カーター、さらにエネルギー長官のアーネスト・モニーツら関係閣僚も参加して、米国が先制不使用に舵を切るべきか否か、意見を交わした。

先のNSC高官はこう証言している。

「メモが起草されて政策の検討が始まった。関係各省の①次官補、次官レベル、②副長官レベル、③プリンシパルと呼ばれる閣僚レベル――の三段階で順次政策論議が進められた。これはオバマ政権の特徴だが、プリンシパル級には大統領自らが参加して、閣僚の意見をしっかり聞いて議論する。レーガン、ブッシュ政権は事前にオプションが上がり、これに大統領が指示を与えるだけだったが、オバマは違う」

しかし、オバマも関与した政策変更を目指す動きにブレーキがかかった。先制不使用が軍事作戦に与える影響を危惧する国防総省は反対論を展開し、米外交当局のトップである国務長官のケリーも七月の閣僚会議でこんな見解をオバマに伝えたという。

先制不使用はいいアイディアだが、そのように考えない同盟国もいる。かれらの説得には時間がかかる。特に日本だ。

やはり、米国の「核の傘」にわが身を委ねる日本をはじめ「傘国」の存在が、オバマ政権の核政策見直しの趨勢を決する一大要因となったのだ。米政権内の政策検討が進む中で、先制不使用に関する情報がワシントン・ポストにリークされ、これに反対や懸念を示した米軍部や米議会保守派に加え、日本政府が結果的に政策転換の足を引っ張ったのだった。

「核使用はクレージー」

トランプが大統領選挙に勝利する一週間前、ホワイトハウス近くのカフェで取材した別のホワイトハウス高官も、日本政府が米側に伝えた「懸念」が先制不使用の見送りを決める大きな要因になったと認め、こう明言した。

「オバマ大統領は核兵器を使うこと自体がクレージーだと思っている。しかし一方で大統領は、米国が同盟国に与えている安心供与への影響も考慮した」

「クレージー」、つまり狂っているという表現から、オバマ自身が多くの無辜の民を虫けらのように殺戮する核兵器、さらに国境と時間を超えて広がる放射能被害を引き起こす核使用に強い嫌悪感を抱いていることが窺える。

ただ一方で、オバマはこんな考え方にも傾いた。米国が同盟国に長年差しかけてきた「核の傘」が日本など同盟国の安全保障を支える柱の一つになっている以上、その同盟国が不安を抱いたり、クレームを付けたりすれば、米国は同盟の盟主として十分な配慮を払うべきだ——。

同じホワイトハウス高官は取材の中でさらに、こう言葉を続けた。

「大体、核兵器を一体どんな局面で先に使うのか。そんなシナリオが中国に対して、また北朝鮮に対して現実的に考えられるのか。そもそも〔東アジアで核を使用すれば〕フォールアウト（放射性降下物）が日本に飛散するじゃないか。それなのに核を使うのか」

震災から六年以上が経過しても、数万単位の人が避難生活を強いられている東京電力福島第一原発事故の無残な結末を目の当たりにした日本人にとって、身につまされる現実感のあるコメントだ。「核の脅し」が効いて相手を抑止できている間はいいが、抑止が崩れたらどうなるか。その帰結の一つは核使用であり、下手をすれば交戦国同士の核兵器の投げ合い、つまり本格的な核交戦にエスカレートする。

そうなれば西からの風で放射性降下物が運ばれてくる日本はたちどころに放射能被害の犠牲者となる。国土も広範囲に汚染されるだろう。そうなれば、水や食糧の常備はもちろん、空気清浄器も完備された地下生活を延々と続けるというのか。それこそまさに、クレージーの極致ではないか。

ギャップと罠

抑止力が実際に効力を持つか否かは、抑止する側の「能力」と「意図」、そして抑止される側の

「認識」という三大要素によって決まると言われる。「核の傘」を抑止力として日本などに提供する米国は実際、北朝鮮や中国、ロシアを射程に収められる軍事的な核能力を保持し、万が一の場合は核兵器も使って同盟国を守る意図を示唆し続けている。そのことを北朝鮮も脅威と認識しているのはまちがいないだろう。

しかし、抑止の前提となっている「いざというときは核で攻撃する」という選択肢は、本当に現実的なシナリオなのか。先のホワイトハウス高官はこの点に関し、次のようにも語った。

「核と言えば脅しが効くと〔一般的に〕思われている。だが、抑止が失敗して初めて、その可否がわかる。使えない兵器で抑止のことを言い続けるより、実際に使える通常兵器で抑止する方がいいはずではないか」

数万人の生身の人間を無慈悲に殺傷する非人道性、フォールアウトによる拡散的な放射能被害と地球環境汚染、そんな極悪兵器を使ったことで世界中から指弾される政治的なコスト、そして歴史に刻まれる非道と残虐の汚名……。

こうした核使用のコストを考えると、核兵器の実戦使用はほとんど非現実的ではないか。そんな「使えない兵器」に立脚した抑止よりも、核よりはまだ使う可能性が高い通常戦力に依存した抑止の方が、抑止される側にしても、より説得力があり現実的だ。

脅しの効果を最大化しようと、できそうにないことを大風呂敷を広げて約束して、実際に事が起こったら使えないでは、抑止を請け負う側の沽券に関わる。同盟の場合は、約束を果たせない盟主の信頼性が一瞬にして地に落ちてしまう。また逆に言うなら、同盟の盟主が自身の信頼が失墜することを極度に恐れた場合、核使用のもたらす壊滅的な帰結を百も承知の上で、既に行った約束と自らのメンツを守るために、先制核攻撃の暴挙に出ざるを得なくなる——。

この高官の問題提起は、こんな「信頼性のギャップ」と「コミットメント(約束・関与)の罠」を鋭く照射している。

日本核武装論の影

なお、日本政府当局者によると、オバマ政権による核の先制不使用の検討に関する情報は、日本政府内において特定秘密保護法の最高レベルの機密対象に指定されたという。そのため、首相官邸や外務省、防衛省で固いかん口令が敷かれ、私自身、取材には随分と難渋した記憶がある。

それほど過敏に反応した日本と先制不使用の関係をめぐって、オバマ政権内では次のような議論も交わされたそうだ。

米国が核の先制不使用を宣言すれば、米国の差しかける「核の傘」が弱体化したと懸念する日本などが自ら核武装に走るリスクも完全に排除できない。北朝鮮が核・ミサイル開発を加速させている現状において、そのことはなおさらだ——。

先のホワイトハウス高官も、米国が先制不使用に転じれば日本が独自核武装を考えるかもしれないとの意見が政策検討の過程で浮上したと明かす。彼はまた、ため息混じりに苦笑しながら、こうも言葉を継いだ。

「今回もまた同じ議論が行われたよ」

「同じ議論」、すなわち「米国の先制不使用採用によって日本が核武装するかもしれない」という言説だが、この高官によると、そのことが問題になったのは、何も今回が初めてではなかったという。

歴史を遡ると、一九九〇年代のビル・クリントン政権下でも「同じ議論」があったと同高官は証言する。冷戦終結という人類史的な局面転換を受け、クリントン政権も包括的な核政策の見直しを進め、その際に先制不使用の是非が、国防総省内の政策検討のテーブルに載ったという。だが日本の核武装の恐れがささやかれ、それだけが理由ではないが、結局、先制不使用の採用はクリントン政権下では見送られた。

それから約四半世紀が経過した二〇一六年の今回も、「日本核武装」の可能性が反対派によって指摘され、政策転換は成就しなかった。国防総省とエネルギー省が握る核予算は年間三兆～四兆円とされ、巨大な既得権益を下支えしている。「同じ議論が行われたよ」と苦笑した高官の目には、「核のステータス・クオ(現状維持)」を熱望する〝守旧派〟の繰り返す議論が走馬灯のように映ったにちがいない。

まちがった判断

オバマ政権が先制不使用の見送りを決め、二〇一六年一一月の大統領選挙でトランプ当選が決まったのと前後して、ある「核の賢人」をワシントンでインタビューする機会に恵まれた。その人の名はモートン・ハルペリン(一九三八年生まれ)。

現在は、ホワイトハウスから徒歩二分の場所にオフィスを構えるオープン・ソサイエティ財団の上級顧問を務める。同財団は、世界的な投資家であり慈善家のジョージ・ソロスが設立した国際的な助成団体だ。

やがて八〇歳を迎えるハルペリンは、長い核の歴史の中で重要な局面に何度も立ち会ってきた「核のプロ」だ。古くは一九六〇年代のベトナム戦争時、ジョンソン政権内で戦況が泥沼状態に陥ったベトナムでの核使用が検討された際、国防総省当局者の立場で反対の意を表したことがある。

さらに一九六九年秋の日米首脳会談で「沖縄の七二年核抜き返還」が決まる前、首相である佐藤栄作の密使としてヘンリー・キッシンジャーとの間で「沖縄核密約」をまとめた国際政治学者の若泉敬と親交を温め、日米外交の裏チャネルをつないだ重要人物としても知られる。「沖縄核密約」とは、返還実施を機に沖縄から核兵器を全面撤去する一方、将来有事が発生すれば、沖縄への核の再持ち込みを佐藤が大統領ニクソンに認めた裏約束だ。

民主、共和両党の歴代政権でホワイトハウス、国務省、国防総省の要職を歴任し、核政策立案にも深く関与し続けたハルペリン。ホワイトハウスに程近いオフィスで向かい合ったその人は、きわめて簡潔ながらも、こんな怒りの言葉をこの時まだ「権力の館」の主だったオバマに浴びせた。

「あれはまちがった判断だった」

ハルペリンの言う「まちがった判断」は、二〇一〇年四月にオバマ自身によって下された。〇九年四月のプラハ演説から一年をかけて、オバマ政権が核戦略指針の「核態勢の見直し(NPR)」をまとめたことは既に触れた。オバマはそのNPRの最終策定時、「唯一の目的」政策、つまり、核保有の唯一の目的を相手の核攻撃を抑止するためだけに限定する政策の採用を見送った。この時の判断こそが、「まちがっていた」とハルペリンは語気を強めた。

怒れる賢人

「核なき世界」を掲げるオバマが核兵器の役割低減につながる「唯一の目的」を見送った最大の理由は、生物・化学兵器を保有し、これを米軍にも使う恐れのある北朝鮮の存在だった。

北朝鮮の核攻撃だけではなく、生物兵器攻撃に対しても核報復の脅しをちらつかせることで、在韓米軍が生物兵器の犠牲になることを阻止する——。つまり、北朝鮮の生物兵器使用を抑止するという目的のために、オバマは北朝鮮に先んじて核兵器を使う選択肢をあえて従来通り温存させたのだった。

その決断の背景には、実際に戦場で何万、何十万という米兵の命を預かる国防総省の「唯一の目的」に対する根強い反対があり、米軍最高司令官であるオバマの政策判断にも大きな影響を与えた。「核の賢人」ハルペリンは、そんなオバマの判断に怒りを顕わにした。そして、こう言葉を続けた。

「五分も考えればわかることだが、生物兵器や化学兵器による攻撃はもちろんのこと、北朝鮮の核攻撃に対しても、〔米国が〕核兵器で報復するなんてバカげている。だって北朝鮮に核攻撃したら、韓国や日本に深刻な影響を及ぼすではないか」

韓国とは陸続きの位置関係にあり、日本とは一衣帯水の地理的な間柄にある北朝鮮を標的に米軍が本格的な核攻撃を加えたらどうなるか。フォールアウトによる放射能被害が広範囲に及ぶのは明々白々で、北朝鮮への核使用はあまりに非現実的というのがハルペリンの考え方だった。

「唯一の目的」の採用を二〇一〇年春に見送ったオバマだったが、実質的な大統領任期の最終年となる一六年に広島を訪れて以降、今度は「唯一の目的」とほぼ同義である核先制不使用の採否を真剣に検討し始めた。しかし、その試みは虚しいことに、日本を含む同盟国の懸念や米軍部の反発で潰えてしまう憂き目を見た。

核廃絶主義者ではないが、核兵器の役割を低減することの重要性を熟知する戦略家でもあるハルペリンは、オバマが二〇一〇年時点で「唯一の目的」を採用しておけば、こんな結末にはならなかったと私の前で嘆息してみせた。

プーチンとトランプ

ハルペリンがインタビューに応じた二〇一六年の晩秋、世界はオバマがプラハ演説を行った七年前と比べて大きく様変わりしていた。

強権的な政治家として知られるプーチンが再びロシアの大統領として君臨し、二〇一四年にウクライナ領のクリミアを併合した。さらに冷戦崩壊後、米国に対し性能的な遅れを取った核兵器の刷新にも邁進し、オバマの呼び掛けたさらなる核軍縮には見向きすらしない。

シリア情勢をめぐってもプーチンは、地中海に面した軍事拠点タルトゥースをロシア軍の手中に収め続けようと、大量虐殺を続けるバッシャール・アサドを支え続けている。そんなプーチンとロシアの姿を、バルト三国を中心とした旧東側諸国が猜疑心と恐怖心で見詰めている。

またアジアでは、北朝鮮が核・ミサイル実験を頻繁に繰り返し、今や米国本土をも直接攻撃できる能力を獲得しようという勢いだ。日本と在日米軍基地を核攻撃の射程に入れていることは、今や疑いない。そして、米国に次ぐ世界第二位の国防費を使って軍拡にひた走る中国は、南シナ海と東シナ海で不穏な動きを見せる。

これに反応した日本の安倍政権は、戦後憲法下では完全に掟破りだった集団的自衛権の行使容認を民意無視の解釈改憲で決めた上、自衛隊と米軍の一体化を進め、ミサイル防衛を強化し続けている。尖閣を取り巻く情勢も依然きな臭く、アジアでも軍事的な緊張が高まっている。

こうした不安定で不透明な状況下にもかかわらず、西側同盟の盟主たる米国が核の先制不使用あるいは「唯一の目的」へと核政策の一大転換を図るには、相当な政治的エネルギーと周到な外交工作、合理的な論理説明が不可欠だ。それがなければ、「核の傘」にすがり続け、今この時点でその必要性を強く実感している同盟国が、すんなり政策変更を受け入れるはずがない。

政権末期のギリギリのタイミングで革新的な政策転換を目指したオバマ政権の核軍縮推進派は、そんなハードルの高さをいささか見誤ったのかもしれない。さらに、オバマがプラハの演説来、志向してきた核政策の「チェンジ」を模索する試みに真正面から「待った」をかける男が突如、国際政治の表舞台に躍り出た。第四五代米大統領のドナルド・トランプだ。

ニューヨーク・タイムズとのインタビューで日本と韓国の核武装容認を示唆するなど、当選前から核に関する問題発言で物議を醸したトランプ(“Donald Trump Expounds on His Foreign Policy Views,” *New York Times*, March 26, 2016)。そのトランプをめぐっては、自らの陣営幹部が選挙戦中からロシア政府と接触し、対ロ制裁解除などを議論していたとの疑惑「ロシアゲート」が就任後、浮上した。それだけではない。こともあろうに、大統領による米連邦捜査局(FBI)への「司法妨害」が一大政治疑獄に発展するかもしれない。

プーチンとトランプ――。共に独裁的で独善的な政治的体臭が漂う二人の指導者。その存在が、国際的な核秩序の行方にも色濃い影を落としている。

オバマの「遺言」

雲泥の差とはまさに、こういうことを言うのだろう。核問題に関して発する二人の為政者、オバマとトランプの肉声のギャップだ。

オバマは二〇一六年五月に広島を訪れた後、ホワイトハウスで開かれた国家安全保障会議(NSC)の会合で関係閣僚や側近を前に、こうはっきり言い放ったという。

いかなる状況下においても、米国の大統領が、私だけではなく後世の大統領もだが、最初に核兵器を使う事態など、とても考えられない。

このオバマの言葉は、この会合に出席した当時のホワイトハウス高官から私が直接耳にした話だ。世界最強の通常戦力を誇る米国が先に「核のボタン」を押す必要など毛頭ない、というオバマの信念は固かったようだ。だからこそ、核の先制不使用もオバマ自らが支持していたという。

長崎への原爆投下後、幸いにも一度も実戦使用されていない最悪最強の「絶対悪(これは私の主観だが、あえてそう表現させていただく)」である核兵器。万が一、意図的であろうがそうでなかろうが、誤作動であろうが判断ミスであろうが、それが使われた場合の深刻かつ深遠すぎる帰結をオバマは理解していた。核兵器保有国が九つにも増えてしまった現在、人類史上、三度目となる核使用は「核のパンドラボックス」を開くことになると。

そんなオバマが大統領を退任するわずか九日前の二〇一七年一月一一日、彼が最も信頼を寄せる副大統領のジョー・バイデンも、ワシントン市内で行った演説の中で、次のように明言している。

米国が持つ、核兵器ではない軍事的能力とその脅威の性格を考えると、米国による先制核使用が必要となる、もっともらしいシナリオ、あるいは先制核使用が理にかなうシナリオなど想定しにくい。非核の脅威に対しては他の手段を使って米国自身と同盟国を守ることが可能であり、〔そうした脅威も〕抑止できる。大統領と私はそう確信している（米カーネギー国際平和財団研究所ウェブサイト http://carnegieendowment.org/2017/01/11/u.s.-vice-president-joe-biden-on-nuclear-security-event-5476）。

米政府の最高峰にいたオバマとバイデンが、核の先制不使用政策を支持していたことをはっきり裏付ける言葉と言っていいだろう。そしてそれは、「核なき世界」に少しでも近づこうとオバマがプラハで示した核軍縮アジェンダを、道半ばで放棄せざるを得なくなった去りゆく権力者の「遺言」と呼んでもいいのかもしれない。

オバマらのメッセージと比べると、彼の後任大統領であるトランプの核問題をめぐる発言はあまりに慎重さに欠けるだけではなく挑発的で、時に半ば思いつきの支離滅裂なものも少なくない。

私たちは核戦力でどの国にも劣ることはない。どの国も核兵器を持たないことが素晴らしい理想だ。だが、国々が核を持とうとするなら、米国はそのトップに立つ。

トランプは大統領就任間もない二〇一七年二月下旬、ロイター通信のインタビューにこう答えて物議を醸した。「力による平和」を思い描くトランプは「核のパワー」に対しても強烈な信奉心を抱いているようだ("Trump wants to make sure U.S. nuclear arsenal at 'top of the pack'," *Reuters*, February 24, 2017)。

トランプについては、緊迫する北朝鮮情勢に関しても、驚くようなつぶやきがあり、その好戦的とも言える性格がとても気になる。

北朝鮮は米国に届く核兵器の最終開発段階に入ったと表明したが、〔北朝鮮の長距離核ミサイル保有など〕起きない(It won't happen)。

これは正月気分まっただ中の二〇一七年一月二日、大統領就任前のトランプが放ったツイッターでのつぶやきだ。私にとっては、正月酔いが一瞬にして吹き飛ぶ重大発言だった。「核のボタン」を握ることになる米軍最高司令官の発言としては、あまりに軽率で稚拙、さらに危険だからだ。

破滅のスパイラル

仮に同じつぶやきが、北朝鮮と米韓両国の軍事的緊張が高まっているさなかに発せられたとしたら、どうなっていただろうか……。そんな想像をめぐらせると背筋が凍り付く。なぜなら、トランプのつぶやいた「起きない」の意味を北朝鮮最高指導者の金正恩が、「米国による先制攻撃のシグナル」と誤解する恐れもあるからだ。

軍事力とそれを裏打ちする国力の面で圧倒的な劣勢にあり、「米国は自分たちの体制崩壊を狙っている」との恐怖心を常に抱いているであろう金正恩。そんな若くて未熟で胆力のない最高指導者は、緊張感の増大と比例して疑心暗鬼の渦に陥り、米国と事を構えるに当たっては、絶えず「最悪のシナリオ」を想定するようになるだろう。

そんな彼が心理的にも追い込まれた極限状態の下、トランプの過激ツイートに直面したらどうなるだろうか。「北朝鮮のミサイル発射など起きない(It won't happen)」と米軍最高司令官のつぶやきが炸裂すれば、金正恩の目にそれは、自分たちのミサイル施設に対する米軍の先制攻撃を示唆する予兆と映らないだろうか。そして、下手をすれば、金正恩が過剰反応して先に「核のボタン」に手を伸ばしはしないだろうか。

そんなことは杞憂だ、と一笑に付される読者もおられるかもしれない。だが、米国との関係において核戦力のみならず軍事力のバランスが極端に不利で、限られた核ミサイルしか保有しない北朝鮮の指導者が、精神的に追い詰められた末、いちかばちかのギャンブルに出ないとは、あながち言い切れないのではないだろうか。

トランプが自己宣伝と自己防衛、時には責任逃れのために多用するＳＮＳ上のツイート。それが有事では思わぬ命取りとなるリスクがあることに、世界の命運を左右し得る立場にあるトランプはもっと真剣に向き合うべきだ。

「なりすまし」によるつぶやきや、ハッカー集団がトランプのツイートを装い、世界を破滅のスパイラルへと追いやる展開だってまったく考えられないわけではないだろう。こうした点からも、地球全体を覆うトランプ時代の影の濃さと不気味さを実感せざるを得ない。

「歴史的な日」

ここから、核と日米関係の位相を映し出す別のトピックに話を転じたい。二〇一七年三月に交渉が始まった核兵器禁止条約をめぐる国際社会の動きと、被爆国、日本政府の対応だ。

二〇一七年三月二七日午前一〇時、ニューヨークの国連本部で、核兵器の開発や製造、実験、保有、使用、また、使用の威嚇を全面的に禁じる「核兵器禁止条約」の成立・締結を目指した外交交渉が始まった。集まった国の数は一〇〇を超えた。議場に入っていく日本代表団の姿も確認された。

「今日は歴史的な日だ」「核兵器の禁止こそがその使用を止める唯一の手段だ」「国際社会は核のリスクを過小評価している」——。

オーストリアやメキシコなど禁止条約推進派の各国代表は、開幕直後の演説でこう訴え、条約交渉開始の意義を幾度となく強調した。私はこの動きを国連のネット中継で日本の自宅から目を凝らして取材した。

本会議場で各国政府代表が「核兵器禁止条約支持」を呼び掛けるスピーチを順次行うほんの少し前、同じ国連本部の一角ではまったく別の動きがあった。それは、禁止条約に真正面から反対を叫ぶ国の幹部外交官らによるデモンストレーションだった。

「議場にいる人びとは、われわれが直面している脅威を理解しているのか。現実的になるべきだ」。

こう力説しながら、このデモンストレーションの先頭に立ったのは米国の国連大使ニッキー・ヘイリー。州知事出身のヘイリーは、同じ核保有国の英国やフランス、さらに米国の同盟国である韓国など約二〇カ国の代表と肩を並べ、核兵器禁止条約は非現実的で安全保障を損なうとの持論をぶった。

核軍縮の停滞状況に大いなる不満を募らせ、禁止条約の早期成立を目指す非核保有国。これに対し、北朝鮮の核問題など安全保障上の脅威から「核の傘」の重要性を強く訴え、核兵器の法的禁止措置を断固拒む核保有国と「傘」の下にある同盟国。両者の根深い分断が「歴史的な日」に露呈した。

背を向けた被爆国

こうした分断状況の中で、「唯一の被爆国」である日本の政府はどんな行動に出たのか。米政界でも強硬保守で知られるヘイリーの先導したデモンストレーションに、日本の外交官の姿はなかった。広島、長崎の被爆者の心情や被爆国の世論、「核を持たず、つくらず、持ち込ませず」の非核三原則という国是を踏まえれば、その判断は当然すぎるくらいに当然だったと言える。

日本の代表団は、ヘイリーのデモンストレーションを横目に、核兵器禁止条約交渉の現場となる国連本部の会議場内へと入った。そして交渉会議の開幕が宣言され、国連関係者や日本の被爆者、さらに各国代表ら十数人の演説が整然と行われた後、ジュネーブ駐在の日本の軍縮大使、高見澤将林は壇上に登り、各国代表に対し日本の主張をこう展開した。

「現時点において、この条約構想について核兵器国の理解や関与が得られないことは明らかだ。また核兵器国の協力を通じ、核兵器の廃絶に結びつく措置を追求するという交渉のあり方が担保されていない。残念ながら、わが国として本件交渉会議に建設的かつ誠実に参加することは困難と言わざるを得ない」

日本は開幕式典に顔を出しながら、実質交渉開始直前の土壇場で「不参加」を表明する態度に出たのであった。条約交渉への対応としては異例である。

外務省高官は、この政策決定の背景と理由について三つのポイントを列挙する。

まず、核廃絶の実現には核保有国の協力と積極的な関与が不可欠だという点だ。核兵器の非合法化を目指す条約交渉は始まったが、肝心の核保有国の姿は現場にまったく見えない。「核を持つ者の関与なくして、どうやってこの条約を核廃絶に結びつけるのか」。こんな疑念が交渉不参加という態度決定の主因の一つにある。

二つ目の点は、核軍縮は各国の国家安全保障と密接に関係している。安全保障への慎重な配慮なくして核軍縮は進められず、ましてや一足飛びの禁止条約など、北朝鮮情勢をはじめ現下の安全保障環境を勘案すると、とても不可能という考え方だ。後に詳述するが、この点は、米国の核抑止力が不可欠という日本政府の基本認識を表象しており、「核の傘」に必要以上に固執する安倍政権の戦略姿勢とも通底する。

三つ目となる最後の点は、核軍縮には核保有国と非核保有国の信頼醸成が重要であり、法的禁止をこの時点でたちまち論じても核廃絶への近道にはならない、という日本の「非核外交」の基本的スタンスだ。

あくまでも漸進的かつ段階的に、かつ安全保障環境が整っている時に核軍縮を進展させるというのが、被爆国の政府が言うところの「核廃絶への道」と考えていい。

こんな日本の主張に対し、条約交渉を推進してきた非核保有国は、国境を越えて放射能被害を拡散し、環境や生態系へも深刻な影響を及ぼす「核兵器の非人道性」に焦点を当てる。核兵器が数十発単位で使用されたら、数十万、数百万単位の命が奪われるだけでなく、環境への長期的悪影響により、数億~二〇億の人びとに「核の飢餓」が訪れる危険性すらあるからだ(Ira Helfand, "Nuclear Famine: Two Billion People at Risk?," IPPNW/PSR, 2013)。

だからこそ、核兵器の完全廃絶だけが、意図的な核使用はもちろん、判断ミスや誤作動が招来する核ミサイルの誤発射、さらに核拡散や核テロといった「現代の核リスク」をゼロにできる、と条約推進派は力説する。

こうした推進勢力の共通認識は、二〇一三年から一四年にかけてノルウェーのオスロ、メキシコのナヤリット、オーストリアのウィーンで開かれた核の非人道的結末を論じる国際会議を通じ徐々に醸成されていった。その成果は、一六年秋の国連総会決議に反映され、法的禁止の具体的措置をめぐる交渉開始、つまり核兵器禁止条約の交渉会議開催へと結びついた。

これに対し、条約交渉に断固反対する米国の強烈な圧力にさらされた末、この国連総会決議に反対票を投じ、国内世論の強い非難を浴びた日本政府は、「現実的かつ実践的なアプローチ」、すなわち段階的な「ステップ・バイ・ステップ」の核軍縮を志向する。

さらに安倍政権は、近年の日本を取り巻く安全保障環境の悪化に鑑み、米国の「核の傘」への傾斜を一段と強めている。だから、核兵器に「汚名を着せる」ことを狙った条約交渉などには到底乗れるわけがない、核兵器禁止条約などとんでもない、というのが大半の外交・安保当局者の偽らざる本音であり、その基本姿勢が「交渉不参加」を通告した先の髙見澤演説にも色濃く投影された。

被爆地選出の外相

なお、「核の傘」の下にある国としては、保守とリベラルの連立内閣で、立法府が禁止条約に理解を示すオランダのみが実質交渉の場に参加した。日本は同じ「傘国」ながら、オランダとは別の道を選んだ。条約交渉開始を促す二〇一六年秋の国連総会決議に、日本が反対票を投じた際、外相の岸田文雄は自身が広島一区選出の衆議院議員であり、核軍縮を「ライフワーク」とする政治心情から、こう語っていた。

交渉への参加・不参加を含め、今後の対応ぶりについては、交渉のあり方の詳細に関する今後の議論も踏まえ、また、これまで連携してきたオーストラリア、ドイツなど中道諸国の動向も見極めつつ、政府全体で検討していくことになりますが、私としては、現段階では、交渉に積極的に参加をし、唯一の被爆国として、そして核兵器国、非核兵器国の協力を重視する立場から、主張すべきことはしっかりと主張していきたいと考えております(岸田外務大臣会見記録、二〇一六年一〇月二八日、外務省ホームページ)。

「唯一の被爆国」、しかも被爆地出身の外相として交渉への「積極的参加」をこの時点で表明していた岸田。その岸田が最終的には交渉不参加へと舵を切らざるを得なかった。

共同通信が二〇一六年一一月に行った世論調査では、交渉参加を支持する声が七割にも上った(「核禁止交渉、支持七〇%超」共同通信配信記事、一六年一一月二七日)。そんな世論が創出する非核のうねりを押し切って、安倍政権が交渉不参加を決めた理由は何だったのか。

それは、岸田ら日本政府要人の脳裏に鎮座し続ける巨大な影の存在、つまり第四五代米大統領ドナルド・トランプの影であり、その人が率いる盟主米国の存在に他ならなかった。

日本の投げた「高めのボール」

二〇一七年二月一〇日、首相の安倍晋三はホワイトハウスに招かれ、トランプと初の首脳会談を行った。トランプの大統領就任からわずか二〇日後の会談実現で、英国首相のテレサ・メイに次ぐ米新大統領との頂上会談だった。

「どうしたら、メイ首相のようにトランプ大統領と手をつなぐことができるのか、教えてほしい」。英外交当局者から聞いた話だが、安倍・トランプ初首脳会談の前、日本外務省は英国側にこう問い合わせてきたという。メイはトランプとの初会談終了後、長い時間、トランプと手を取り合って報道陣の前に姿を現した経緯があったからだ。「特別の関係」を自負する米英同盟の結束ぶりを演出するパフォーマンスだったが、安倍のワシントン訪問を準備中だった日本の外交当局はこれに思うところがあったようだ。

米英首脳会談に次ぐスピード開催となった日米首脳会談。フロリダでゴルフに興じた安倍とトランプの姿ばかりに世間の耳目が集まった感はあるが、ワシントンの公式会談では成果文書として日米共同声明が発表された。そして、そこにはこんな一文が冒頭部分に明記された。

核および通常戦力の双方による、あらゆる種類の米国の軍事力を使った日本の防衛に対する米国のコミットメントは揺るぎない。

複数の日本政府当局者によると、この一節は、北朝鮮や中国の軍事的脅威に懸念を募らす日本の戦略環境を踏まえ、日本政府が主導する形で盛り込まれた。

「拡大核抑止(核の傘)も尖閣防衛についても、日本は高めのボールを投げたが、それがそのまま通っていった」

会談準備に関与した日本側当局者の一人は、右のように打ち明ける。

大統領就任前に「NATOは時代遅れだ」などと言い放ち、同盟否定とも取れる孤立主義的な傾向を示したトランプに対する不信感が、そもそも日本政府内にあった。そのため、日本側は最初の日米首脳会談で「高めのボール」つまり、目いっぱいの要求をぶつけたのだ。その要求とは、日米安全保障条約で定められた米国の対日防衛義務の尖閣諸島への適用確認、さらに日本に対する「核の傘」の確約だった。

この被爆国政府が投げた「高めのボール」を、トランプは安倍が望む通りにバットの芯に当て、フルスイングしたわけだ。日米首脳会談という外交ゲームを熱心に観戦する北朝鮮の金正恩にそのメッセージがおどろおどろしく響くよう、とりわけ力強く。

八月六日に「核の傘」を約束

歴代の米大統領と日本の首相が発出してきた公式文書の中に、米国の誇る強大な核戦力の重要性が明記されたのは、一九七五年に首相の三木武夫と大統領ジェラルド・フォードが公表した「日米共同新聞発表」以来のことだ。

皮肉にも、三木とフォードの新聞発表は、ちょうど三〇年前に広島に原爆が投下された日と同じ八月六日の出来事だった。無念にも他界した被爆者にとっては命日、そして浄土真宗への信仰心厚い広島の「安芸門徒」にとっては身内の三一回忌に当たるその日に出された首脳文書。今更ながら、当時の日米外交当局の無知と無神経さを思うと、はらわたが煮えくり返る。

その三木・フォード新聞発表の問題の件《くだり》は、次の通りだ。

両者〔筆者註：日米両首脳のこと〕は、米国の核抑止力は、日本の安全に対し重要な寄与を行うものであることを認識した。大統領は首相に、核兵力であれ通常兵力であれ、日本への武力攻撃があった場合、米国は日本を防衛するという日米安全保障条約に基づく誓約を引き続き守る旨確言した。

「核抑止力」、すなわち米国の「核の傘」が日本の国防に重要であり、雨が降ろうが槍が降ろうが、通常兵器が使われようが核兵器が使われようが、米国は日本を守ると確約していることがわかる。

このタイミングでフォードが「核の傘」に言及した背景には、日本の核拡散防止条約（NPT）批准問題との相関関係があった。日本は、米国やソ連（現在のロシア）、英国、フランス、中国の五大国以外の核保有を禁じたNPTに一九七〇年に署名しながら、五年後の三木・フォード会談の時点でもまだ批准、加盟の手続きを遅々として進めていなかった。自民党内の保守強硬派の一部に「NPTに入れば、日本の核武装オプションが閉ざされる」との核武装温存論があったからだ。

三木内閣の外相、宮沢喜一の秘書官だった元外交官の有馬龍夫（一九三三年生まれ）は自身の回顧録『対欧米外交の追憶（上）』（竹中治堅編集、藤原書店、二〇一五年）に、こう当時の記憶を刻んでいる。

〔自民党内の〕もっと右の人は、将来我が国が核兵器を開発する可能性をこの段階で排除する必要があるのかと〔主張した〕…NPT体制参加に先立ち政府として納得のいく説明を必要としていました。

ＮＰＴをなかなか批准せず、その一方で「原子力の平和利用」のため、核物質プルトニウムの生成をも可能とする核燃料サイクル路線に猛進する被爆国。日本のＮＰＴ未批准に業を煮やした米国は、日米首脳間の文書で「核抑止力」イコール「核の傘」の実効性を確認することの見返りに、日本側にＮＰＴ批准を約束させたのだった。

確かに、三木とフォードの共同新聞発表には「首相は、日本ができるだけ早い機会にＮＰＴを批准するための所要の手続きを進める意向を表明した」との一文がある。米国の「傘」と日本の「ＮＰＴ加盟による非核路線堅持」という、核をめぐるディール（取引）が成立していたのだ。

露骨な嫌悪感

核兵器禁止条約交渉になぜ被爆国の日本が参加しなかったか、本題に戻りたい。

日本政府が参加しなかった理由として既に、①核保有国が参加する見込みがなく核廃絶につながりそうにないこと、②北朝鮮の核・ミサイル開発で悪化する安全保障環境を考えると「核の傘」が不可欠であること、③条約に反対する核保有国と推進派の非核保有国の分断が一層深まること、を説明した。

さらに、より本質的な要素として②の点に付け加えるなら、交渉不参加を決めた日本政府の政策判断には紛れもなく、日米同盟の盟主である「トランプの影」、日本に「核の傘」を差しかける米国という巨大な存在があった。

「核なき世界」を掲げたオバマ政権も、核兵器禁止条約には強く反対していた。米国が担保する核抑止力を基軸とするNATOや日米、米韓、米豪の同盟関係に無視し得ぬ影響を与える、換言するなら、米国を扇の要とする「核同盟」に深刻な動揺を来すことを恐れたからだった。

先に触れた条約交渉開始を定めた二〇一六年秋の国連総会決議に対しても、オバマ政権は「決議案に単に棄権する中途半端なやり方は認められない。必ず反対するように」とのメッセージを、NATOや日本などの同盟国に外交ルートを通じて送っていた。日本が被爆国でありながら、「棄権」ではなく、国内世論の反発が必至な「反対」にあえて回ったのは、こうした米国の恫喝的なシグナルがあってこそだった。

それでも、オバマ政権の中には「核兵器禁止条約が日本などに提供する抑止力を損なうのは明らかだが、〔被爆体験のある〕日本の内政事情は理解している」として、日本の交渉参加に一定の理解を示す声も一部にあり、私は実際この言葉をホワイトハウス高官の口から直接聞いた。

しかし、トランプがホワイトハウスの新たな主となった後、核との深い因縁を持つ日本の立場を考慮する、こうした柔軟姿勢も雲散霧消したようだ。

事実、トランプが大統領に就任して間もない二〇一七年二月、米政府は外交ルートを通じて日本の交渉参加に露骨な嫌悪感を伝達してきている。場合によっては日本の交渉参加を容認する意思があるのか、との日本政府の問い合わせに対し、ある国務省高官は“I hate it”との表現を使って日本の交渉参加に対する「露骨な嫌悪感」を表明したという。

こうした動きと前後して、弾道ミサイル実験を繰り返す北朝鮮の脅威増大という〝通奏低音〟が流れる中、「核の傘」を明示的に確認した安倍・トランプの共同声明が二〇一七年二月一〇日に公表されたのだ。

米国の大統領に共同声明で「核の傘」を確約してもらったのに、日本が条約交渉に参加したら、あとでトランプ政権から「日本にだまされた」と非難されかねない――。

核兵器禁止条約交渉への参加の是非をめぐる安倍政権内の議論では、日米安保を重視する政策担当者から、右のような意見も出されたという。そして最終的な日本の不参加決定には、被爆地選出の外相岸田はもちろん、政権トップである安倍本人の判断があった。

交渉開始直前のギリギリのタイミングで、安倍と岸田が直接話し合い、「開幕式のみ出席、実質交渉不参加」の方針を決めたという。その判断過程をどんよりと覆い続けたのが、「トランプの影」だった。

傷つく自我

七十余年前にきのこ雲の下に突如出現した地獄絵を見た被爆者が「魂の叫び」として希求し続けてきた「核なき世界」。そして、その足がかりとして成立を今か今かと待ちわびた核兵器禁止条約。

ニューヨークの国連本部で核兵器禁止条約交渉会議の幕が開いた二〇一七年三月二七日、軍縮大使の高見澤將林が演説で「日本の交渉不参加」を表明した同じ壇上から、長野県茅野市在住の被爆者、藤森俊希（一九四四年生まれ）はこう世界に呼び掛けた。

「私が奇跡的に生き延び、国連で核廃絶を訴える。被爆者の使命を感じます。同じ地獄をどの国のだれにも絶対に再現してはなりません」

国連事務総長やローマ法王のメッセージが代読された直後に登壇した藤森。あまりの緊張で口元が渇き、言葉がもつれたという。藤森の演説から半日後、私は東京のオフィスからニューヨークにいる彼に電話を掛けた。晴れの舞台で大役を果たしたことの安堵感を吐露したのもつかの間、藤森は受話器の向こうでこう怒りをぶちまけた。

「日本が交渉に建設的かつ誠実に参加するのは困難と髙見澤大使は語ったが、なぜそうなのか……大使の言っていることが最後まで理解できなかった」

藤森の放った憤怒の声は、広島、長崎の被爆者やその家族の怒りと憤り、やるせなさとやりきれなさを代弁していると思う。

日本政府が交渉不参加に挙げた前記三つのポイントがまったくわからないわけでもないが、交渉が始まってもいないのに、なぜ早々と結論を先取りする必要があったのか。日本政府が「核の傘」をあくまで是とするなら、その立場から堂々と禁止条約の問題点を指摘すればよい。

また、条約交渉を頭から否定するのではなく、日本政府の言う「分断」を防ぐための提案を行うやり方もあったはずだ。そして、将来「核の傘」から脱却できる日が来た時に備え、いま米国の核抑止力を信奉している「傘国」、さらにはその背後に控える核保有国も参加できる仕掛けづくりに、被爆国の外交官の叡智を結集すべきではなかったか。

核保有国や日本などの「傘国」が核兵器禁止条約に端から背を向けたことのマイナス効果は決して小さくないだろう。まず、核保有国などの不参加により、核兵器の法的禁止措置と国家安全保障の連関性が突っ込んで議論される機会が失われることになった。そのため、禁止条約ができても、核保有国とその同盟国が中長期的にこれを無視、最悪の場合は敵視し続ける公算が現時点では大きい。

さらに、核拡散防止条約(NPT)と核兵器禁止条約の相関性や補完性、さらに矛盾点をめぐる議論が十分に尽くされたとは言い難く、そのことがNPTを絶対視する五大核保有国と、禁止条約に比重を置く非核保有国の分断状況をさらに助長する恐れがある。

こうした問題の解消に努めるためにも、核保有国と非核保有国の「橋渡し役」(岸田)を自任してきた日本は交渉に参加すべきではなかったのか。非核を国是としてきた「被爆国の自我」は「トランプの影」の下で確実に傷つき、その偽装ぶりは深刻の度合いをますます深めてはいないか。

伊方原発での過酷事故を想定した原子力総合防災訓練の合同会議に出席した安倍首相(2015年11月8日，首相官邸，共同)

第3章

まかり通る虚構

止まらぬ安倍政権の原発回帰

もんじゅ廃炉の〝英断〟

年の瀬も迫った二〇一六年師走の政治的〝英断〟だった。

高速増殖原型炉「もんじゅ」(福井県敦賀市)の廃炉が一二月二一日、炉を所管してきた文部科学省の松野博一大臣、安倍政権のキーマンである菅義偉官房長官、原発回帰と核燃料サイクルの旗振り役である経済産業省の世耕弘成大臣らの臨席の下、原子力関係閣僚会議で正式に決まった。

政府公表の議事概要によると、首相官邸二階小ホールで開かれた会議は午後一時半に始まり、一時四五分には終了。わずか一五分の政策決定だった。

プルトニウムとウランの混合酸化物(MOX)燃料を用い、高速中性子を使った特殊な炉の性質と構造を利用して消費した以上のプルトニウムを増殖するもんじゅ。一昔前は「夢の原子炉」ともてはやされ、天然資源のほとんどない日本のエネルギー安全保障の切り札とも一時みなされた。しかし、「原子力ムラ」の夢と期待を背負ったもんじゅの運命はあまりに無残だった。

一九八五年に着工され、九四年四月の初臨界で祝砲を放ったのもつかの間、翌九五年には冷却材であるナトリウム漏れによる火災事故を起こす。この時、運営主体の「動力炉・核燃料開発事業団(動燃)」は現場を撮影したビデオ映像を部分的に隠す不祥事を起こし、世間の反感を買った。これを受け、一四年以上も運転は止まり、二〇一〇年に運転再開となるものの、その直後、作業ミスで新たな事故が発生して再び停止の憂き目に遭う。

その後、二〇一一年三月の東京電力福島第一原発事故を受け、原発の規制（安全）基準が格段に厳しくなるのと並行して、一二年には機器の点検漏れが発覚。日本の原子力安全の新たな番人となった原子力規制委員会は翌一三年五月、事実上の運転禁止命令を出した。

そして二〇一五年一一月、原子力規制委はついに文科相に対し、もんじゅの運営主体を見直すよう勧告する。それは、動燃の流れを汲む後身の「日本原子力研究開発機構（ＪＡＥＡ）」のずさんな管理体制を指弾し、「ＪＡＥＡが運営主体のままでは運転再開まかりならぬ」と言わんばかりに、「夢の原子炉」に引導を渡す最後通牒だった。

もんじゅの建造や運転、停止中の維持管理に投入された国費の総額は一兆円超。仮に運転再開を決めた場合も、規制基準に適合するために五四〇〇億円以上の追加投資が必要だった。官房長官の菅は、廃炉を決めた二〇一六年一二月二一日の原子力関係閣僚会議でこう明言している。

もんじゅについては、運転を再開せずとも実証段階の研究開発が可能であるという見通しがたったこと、運転の再開には相当の期間と費用を要すること等から、廃炉することとする（原子力関係閣僚会議の議事概要）。

運転期間はわずか二五〇日。もはや「夢の原子炉」にこれ以上の血税を投じることは国民全体が望んでおらず、そうした意味では、もんじゅ廃炉はまちがいなく〝英断〟だった。

文科省の松野は廃炉決定の「結果責任を負う」として大臣給与と賞与の計約六六万円を自主返納したが、巨費を投じながらつまずいた巨大国策が国民目線で総括されたなどとは到底言えない、ジョークのような幕引きだった。

〝英断〟のウラ

実は、この〝英断〟にはウラがあった。もんじゅの廃炉決定に関わった政府当局者は私の取材にこう語っている。

「廃炉の話が出てきたのは、二〇一六年のゴールデンウィーク明け頃だ。首相側近の意向が強く働き、安倍政権は選挙対策の観点からも廃炉というメッセージを対外的に発信したかった」

二〇一六年春、永田町には衆議院解散総選挙の「解散風」がにわかに吹いていた。

七月には参議院選挙が迫っており、通常国会の会期末である六月一日を控える中、五〇％前後の内閣支持率を維持する首相の安倍晋三が解散に踏み切り、衆参同日選挙に打って出るのでは……こんな観測の下、同じ親米保守として首相を務めた祖父の岸信介の政治的悲願でもある憲法改正を実現するために、安倍が長期安定政権への布石を打つ「次の一手」に出ると目されていたわけだ。

そうした中、安倍の最側近であり霞が関の官僚機構にもにらみが利く首相秘書官の今井尚哉を中心に、今や巨大な政治的お荷物となった「もんじゅ切り」が官邸主導で行われた、とこの当局者は解説した。

二〇一六年七月の衆参同日選挙、あるいは同日選が見送られても年内には十分あり得るとみられていた解散総選挙を意識した世論対策、つまり政権の対国民イメージ戦略、さらに今はやりの言葉に置き換えるなら「印象操作」が、もんじゅ廃炉のとどめを刺したというわけだ。

なお今井は、経産省出身のキャリア官僚で同省官房総務課長や資源エネルギー庁次長などの要職を歴任したエネルギー政策分野の実力者。福島での原発事故後は原発再稼働を推進し、安倍政権の原発回帰路線の牽引役を担ってきたとされる。

そして、「もんじゅ廃炉」が新聞の見出しに躍るのは二〇一六年八月末。「もんじゅ　一〇年で六〇〇〇億円　政府試算、廃炉含め検討」(八月二九日付毎日新聞朝刊)、「もんじゅ廃炉、政治決断も数千億円の追加負担試算」(同日の共同通信配信)などとマスコミが廃炉の方向性を一斉に報じ始めた。

それは、各省大臣が八月末までに提出しなくてはならない概算要求をベースに、来年度予算案の策定が財務省内で本格化し始める矢先のことだった。

プルトニウム・バランス

「二〇一七年度予算にもんじゅの関連予算を計上するのは、もはや無理な話だった。だからこのタイミングの廃炉決定となった。菅官房長官なんかは『つぶすのはいいが、どう説明責任を果たすつもりなのか』と。一兆円もつぎ込んでおいて、どう国民に説明するのかと気にしていた。

所管の文科省は『もんじゅを動かす』と言いながら、『名誉ある撤退』を探っていた。だから二〇一六年のゴールデンウィーク明けには、ある程度、廃炉の絵を描き、この年の秋には原子力関係閣僚会議を開いて、決める段取りだった」

もんじゅ廃炉の決定に関与した先の政府当局者はこう振り返りながら、政府内の政策決定過程を詳説してくれた。さらに、やや語気を強めながら、次のように言葉を継いだ。

「ただ、もんじゅを廃炉にした場合、プルバラの問題を一体どう考えるのか……プルバラはある意味、もんじゅが歯止めになっていたのだから。廃炉は決めたが、プルバラのことについては政府内であまり考えられていなかった」

プルバラ――。「プルトニウム・バランス」の略だが、核物質プルトニウムの需要と供給の収支を指す。核分裂することで巨大なエネルギーを出すプルトニウムは原発の燃料として使えるが、大量殺戮の道具となる核爆弾の原料にもなる。

プルトニウムは同位体238、239、240、241に大別されるが、「兵器級プルトニウム」と呼ばれる核爆弾に最も適したプルトニウムは一般的に、核分裂性物質である239の割合が九三%を占める。

これに対し、日本を含め世界で広く使われている軽水炉から出る使用済み燃料を剪断して硝酸で溶かす化学処理工程、つまり再処理を行うことで抽出される「原子炉級プルトニウム」は、その割合が五〇~六〇%台にとどまる。

兵器級プルトニウムと違って原子炉級プルトニウムは核爆弾製造に不向きだ――。原子炉級に占めるプルトニウム239の割合が五~六割であることから、日本の「原子力ムラ」では長らくこんな言説がまかり通ってきた。

二〇〇一年に社団法人・原子燃料政策研究会がまとめたリポート「原子炉級プルトニウムと兵器級プルトニウム調査報告書」も次のように指摘し、原子炉級プルトニウムは兵器として使い物にならないとする「ムラの言説」を繰り返した。

発熱体であり、放射線源であり、爆発力が不確かで、技術的に不安定で信頼が置けない原子炉級プルトニウムの核兵器を、敢えて製造し、保有するメリットを誰が認めるか。

しかし、私が取材した米政府内の核兵器研究者を含め、この言説に反駁する専門家は少なくない。最近でも二〇一七年五月、ジェラルド・フォード、ジミー・カーター両政権で米原子力規制委員会(NRC)の委員を務めたビクター・ジリンスキーらが、英字紙ジャパンタイムズ電子版に次のように寄稿している。

原子炉級プルトニウムは、兵器化のための効果的な核爆発性物質として使える。それは、単純で原始的な核兵器ではなく、主要な核保有国の持つ洗練された実践的な核兵器と遜色ない近代的な核兵器のことを指す(Victor Gilinsky, Bruce Goodwin, Henry Sokolski, "Commercial plutonium a bomb material," *Japan Times*, May 31, 2017)。

日本は一九七〇年代以降、茨城県東海村の再処理施設で使用済み燃料の再処理事業を進めた。さらに日本の電力会社は、国内の原発から出た使用済み燃料を英国とフランスに海上輸送し、両国の事業者に再処理を委託してきた。

その結果、二〇一六年末時点で日本は全体として、計約四六・九トンの分離プルトニウムを保有している。その内訳は次の通りだ(内閣府原子力委員会「我が国のプルトニウム管理状況」二〇一七年を参照)。

日本国内にあるプルトニウム	約九・八トン
英国国内にあるプルトニウム	約二〇・八トン
フランス国内にあるプルトニウム	約一六・二トン

確かに、兵器級プルトニウムの方が原子炉級プルトニウムよりも兵器開発には適しているだろう。だがそれは、あくまで両者を比較した場合の相対的な話にすぎない。ジリンスキーらが指摘するように、原子炉級プルトニウムが核兵器には不向きとする日本の「ムラの言説」は決して「世界の常識」ではないのだ。

それでは、日本にある約四六・九トンのプルトニウムで一体、何発の核爆弾ができるのか。

国際原子力機関(IAEA)は八キロのプルトニウムを核爆弾一発分の有意量、つまり爆弾製造に必要な量の目安としており、「一発=八キロ」で単純計算すると五八六三発の分量に相当する。これは、核超大国の米国とロシアがそれぞれ保有する核兵器の数量に匹敵する。

なお、その米国は「一発=四キロ」を有意量とみなしているようだ。二〇一〇年五月二日のニューヨーク・タイムズ電子版は「米国の兵器設計者が必要とするプルトニウムの平均量は四キロ前後」とする米政府当局者の見方を報じている(David Sanger, "U.S. Releasing Nuclear Data on Its Arsenal," *New York Times*, May 2, 2010)。

プルトニウム大国ニッポンの「素顔」

もんじゅの廃炉決定に関わった日本政府当局者が口にした「プルバラ」。このプルトニウムの需給バランスこそが実は、一歩日本の外に出ると、非常に重要な争点となる。

なぜなら、日本は非核保有国として世界で唯一、商業規模の再処理事業に邁進してきた経緯があり、これまで日本政府は国際社会に対し常々、「利用目的のないプルトニウムは持たない」と約束し続けてきたからだ。

忘れてはならないが、原子炉級プルトニウムでも軍事転用は可能というのが国際的な相場観であり、被爆国とはいえ、四七トン近くものプルトニウムを保有する日本の「プルバラ」に対する海外の視線は決して寛容ではないのだ。

過去には、同じ非核保有国の経済大国ドイツも再処理路線を模索したが、既に断念している。原発反対運動の高まりや「緑の党」の台頭などを受け、政治判断した結果だ。

ワールドワイドに核物質を監視し続ける国際的専門家グループ「ＩＰＦＭ（核分裂性物質に関する国際パネル）」が公表している統計によると、そのドイツが保有しているプルトニウムは四・六トン。日本の一〇分の一に満たない量であり、以下の表からも日本の突出ぶりは一目瞭然だ。

◎各国のプルトニウム保有量（単位はトン）

（ＩＰＦＭのウェブサイト http://fissilematerials.org/materials/plutonium.html から。ただし日本の数字は原子力委員会のデータを参照）

〈核保有国〉

米国	八七・六（すべて軍事用）
ロシア	一八〇・八（うち民生用は五二・八）
英国	一〇六・五（うち民生用は一〇三・三）
フランス	六七・九（うち民生用六一・九）
中国	一・八二五（うち民生用は〇・〇二五）
インド	六・一（うち民生用は〇・四）
パキスタン	〇・一九（すべて軍事用）
イスラエル	〇・八六（すべて軍事用）

〈非核保有国〉（以下すべて民生用）

ドイツ　四・六
オランダ　〇・八
スペイン　〇・六
イタリア　〇・五
ベルギー　〇・〇五
スイス　〇・〇五
日本　四六・九

世界唯一の被爆国として核廃絶を国際社会で唱道してきた非核保有国の日本。第1、2章で米国との「核同盟」関係という角度からその「素顔」に光を照射してみせたが、右記の統計からは、もうひとつの「被爆国の素顔」が浮かび上がる。それは、軍事転用も可能な核物質を大量保有し続ける「プルトニウム大国ニッポン」の実像である。

しかも、二〇一一年に東京電力福島第一原発事故が発生し、国内世論全体の「脱原発」志向が強まる中、約四七トンものプルトニウムを消費する手段は以前よりかなり限られてしまった。

原発事故前、経産省や日本の電力業界は、プルトニウムをウランとの混合酸化物（MOX）燃料にして、「一六〜一八基」の軽水炉で使う「プルサーマル」計画を推進してきた。

原発事故で水素爆発の被害を受けた東電福島第一原発3号機も、事故の前の年からプルサーマルでの営業運転を開始していた。他にも九州電力玄海原発3号機、四国電力伊方原発3号機、関西電力高浜原発3号機で運転実績があり、いずれはMOX燃料を使う炉の数を徐々に増やしながら、「一六〜一八基」の目標到達を目指していた。

だが、水素爆発が連鎖的に起き大量の放射性物質が原発周辺に拡散したため、長期間にわたり数万人が避難を余儀なくされている未曽有の原発事故は、そんな「原子力ムラ」の想定を根本から狂わせた。

本稿執筆時点の二〇一七年八月段階で、再稼働中の原発は九電川内原発1、2号機、四電伊方原発3号機、そして関電高浜原発3、4号機の計五基。うちプルサーマルを行っているのは、伊方3と高浜3、4の計三基だ。今後、玄海3などでもプルサーマルが進むとみられるが、それでも当初目標の一六〜一八基には到底及ばず、その半分程度にとどまる公算が大きい。

新潟県や静岡県といった、過去にプルサーマル受け入れを表明した原発立地自治体が福島での原発事故後、再稼働そのものに態度を硬化させており、中部電力浜岡原発(静岡県御前崎市)については将来のプルサーマル計画が事実上の白紙状態に戻ったと言っていい。

ここからは頭の体操になるが、プルサーマルを行う原発一基について、その炉心の三分の一にMOX燃料を装塡して営業運転させたとしても、一年間に消費できるプルトニウムは三〇〇〜四〇〇キロ程度。仮に将来、プルサーマルが八基で実施されたとしてもその一年間のプルトニウム消費量は合計三トン前後にとどまる。

また仮に、電源開発(Jパワー)が建造中の大間原発(青森県)が二〇二〇年代に稼働し、全炉心を

ＭＯＸ燃料にする「フルＭＯＸ」を実施したとしても、その年間消費量は一・一トン。だから、プルサーマル計画が今後順調に進み一〇基近い原発でＭＯＸ利用が実現しても、国内の軽水炉全体で一年間に燃やせるプルトニウムはせいぜい五トン前後となる。

袋小路――溜まり続けるプルトニウム

その上、青森県六ヶ所村にある日本原燃の再処理工場がいずれ完工し運転が始まれば、肝心の「プルバラ」はどうなるのか。年間八〇〇トンの最大処理能力があるこの再処理工場の稼働率を当初、年間二五％程度に抑え、再処理する使用済み燃料の量を二〇〇トンに限ったとしても、単純計算で年間約二トンのプルトニウムが出てくる。

そしていずれ、安倍政権の思惑通りに原発再稼働が各地で進み、使用済み燃料が各原発にある燃料プールに収まりきらなくなると、六ヶ所村へ移送し、再処理するペースを上げなくてはならなくなる。工場の稼働率アップにより、抽出されるプルトニウムの量は必然的に増えざるを得ない。当初の年間二トンがそのうち三トン、四トンと徐々に増え、さらに再処理工場がフル稼働し始めると、その量は八トン弱に膨れあがる。

繰り返すが、日本が二〇一六年末時点で保有するプルトニウムの量は約四六・九トン。六ヶ所村の再処理工場が動き出せば、この量に加え、年間数トンの追加プルトニウムが発生する。それをプルサーマルでせっせと燃やしても、その消費量は前項で机上計算した通り、せいぜい年間五トンだ。

こんな「プルトニウム方程式」を頭の中で描いてみただけでも、核爆弾約六〇〇〇発分の膨大なプルトニウムが簡単に大幅削減される計算とはならない。しかもさらに問題なのは、プルサーマル計画によって原発内で燃やした後に出てくる「使用済みＭＯＸ燃料」には実は、行き場がないというより根源的な事実だ。

ウラン燃料を軽水炉で使用した後に出る通常の使用済み燃料なら、六ヶ所村で再処理できるが、より放射線量の強い使用済みＭＯＸ燃料は遮蔽の問題などから、今の六ヶ所村の再処理工場では扱うことができないのだ。プルサーマルが軌道に乗って本格化すれば、使用済みＭＯＸ燃料の発生量も飛躍的に増大する。では、その流れで溜まり続ける使用済みＭＯＸ燃料をどうするのか。その解は「Ｎｏｎｅ（ナン）」、現時点では存在しないのだ。

当然、プルサーマル原発を抱える地元自治体は「早く使用済みＭＯＸ燃料を域外に搬出してほしい」と言い出す。それでも、六ヶ所村の再処理工場には持ち込めない、というか、持ち込んでも手の施しようがない。では、どうすればいいのか。そのうち、「使用済みＭＯＸ燃料を扱える新たな再処理工場、『第二再処理工場』を造るしかない」との声が出てくるかもしれない。ひょっとしたら、「原子力ムラ」はひそかにそんな展開を望んでいるのかもしれない。そうなれば、原発産業の未来が中長期的に保証されるからだ。

しかし、再処理を続ければ続けるほどプルトニウムは抽出され続け、消費が追いつかなければ、当然プルトニウムの量は増える。そして、需給の収支である「プルバラ」は芳しくなくなる。それは、「利用目的のないプルトニウムは持たない」と言い続けてきた日本の国際公約の破綻に行き着く。

せめて、現在一万七〇〇〇トン超とされる国内にある使用済み燃料の一部を地下に埋設する「直接処分」、ないしは数十年間これをドライキャスクと呼ばれる容器に収納保管する「乾式貯蔵」を行わなければ、使用済み燃料はひたすら再処理され続けることになり、「プルバラ」と日本の国際公約は完全に袋小路に陥る。

こうした冷厳な現実を日本政府と電力会社が直視しない限り、「原子力ムラ」にとってすら厄介者となったもんじゅを廃炉にしたところで、核燃料サイクルの名の下に巨大な虚構と偽装がまかり通り続けるのだ。

「東海村のプルをどうするつもりか」

そんな虚構性を察知したのか、「もんじゅ廃炉へ」のニュースが世界を駆けめぐった二〇一六年秋以降、私の耳にも米国の核専門家からこんな懸念の声が届くようになった。

「もんじゅを廃炉にしたら、日本は東海村にある四トンのプルトニウムを一体どうするつもりなのか」

一九五七年、日本初の原子炉「ＪＲＲ１」が臨界に達し、日本に最初の「原子の火」がともった茨城県東海村。そんな原子力発祥の地にある日本原子力研究開発機構（ＪＡＥＡ）の施設には、約四トンのプルトニウムが貯蔵されている。東海村にある再処理施設で使用済み燃料を再処理し抽出したもので、主にもんじゅ用の燃料に加工する予定だった。

四トンは日本が保有するプルトニウム総量の一割にも満たないが、それでも核爆弾五〇〇発分に相当するボリュームだ。日本政府によるもんじゅ廃炉決定から間もない二〇一七年の年明け、旧知の米国務省当局者が来日し「東海村にある四トンのプル」をめぐり、私にこう語った。


「このプルトニウムを日本政府はどう扱うつもりなのか、米政府は既に日本政府に問い合わせをしている。まだ日本も検討中のようだが……」


ワシントンは日本国内にあるプルトニウムを絶えず凝視し続けている。四七トン弱に上るプルトニウムがどういう状態にあり、これが将来どう使われていくのかと。北朝鮮や中国の軍事的脅威が影を落とす日本だが、だからといって、手元にあるプルトニウムをそのまま兵器転用すると真剣に心配している米政府当局者はほとんどいない。

むしろ米国は、日本のような核拡散防止条約(NPT)体制の優等国が国際公約を順守しながら、透明性のある形でこれらのプルトニウムを民生利用する模範性と規範性を重視している。だから「東海村のプル」にも、核不拡散体制の守護者として鋭い眼差しを絶えず向けている。

また、これだけ膨大な核物質が軍事施設ではなく、民生用の施設にあるとなれば、その一部が流出したり、強奪されたりしないか、核物質の防護・保全という「核セキュリティ」の観点からも無視し得ない。よもやテロリストの手に渡ることになれば、日本の民生用プルはたちどころに核テロという現実的な軍事的脅威に変貌するからだ。

もんじゅを廃炉にした後、四トンものプルトニウムを一体、何に使うのか。また、東海村にあるプルトニウムは再処理してから時間が経過しており、一部が自然崩壊して放射性物質のアメリシウムに変質している。アメリシウムは核分裂の阻害要因だが、核燃料に加工して果たして使い物になるのかどうか――。右記の国務省当局者の言葉にあるように、米政府はこんな疑問と懸念を抱き、「東海村のプルをどうするつもりか」と日本サイドに問い合わせてきたのだった。

頭をなでる対米工作

もし仮に、もんじゅ廃炉によって、東海村にあるプルトニウム約四トンの使い道がなくなったと米政府が判断したら、それは日本にとって一大事だ。なぜなら、米国は一九八八年七月発効の日米原子力協定で日本に使用済み燃料の再処理を認めているが、あくまで「利用目的のないプルトニウムは持たない」とする日本の国際公約を大前提にしているからだ。

一九五〇年代中葉以来、原子力発電を導入してきた日本はもともと米国の濃縮ウランに原発燃料を依存してきた。そのため、原発から出る使用済み燃料の形状を変える行為、すなわち再処理には米国の許可が必要だ。

核不拡散政策の強化に動いた一九七〇年代のカーター政権は再処理実施に難色を示し、日本の「原子力ムラ」を大いに当惑させた。その後、日米間で原子力協定の改定交渉が始まり、中曽根康弘首相との「ロン・ヤス関係」を重視した親日派の大統領ロナルド・レーガンが、再処理を全面的に認める「包括的事前同意」を日本に付与した経緯がある。

そんな日米原子力協定の有効期間は三〇年間。二〇一八年七月には一応の期限を迎える。それ以降は再処理継続を容認するもしないも、米国の胸三寸でどうにでもなるが、安倍政権と日本の「原子力ムラ」は現協定の自動延長を目論む。そうすれば、米国が日本の再処理事業に与えた包括的事前同意、すなわち六ヶ所村の再処理工場操業へのゴーサインを一八年七月以降もとりあえず確実なものにできるからだ。

だから、もんじゅの廃炉決定を転機に「もんじゅ用に燃料加工する予定だった四トンのプルトニウムはもはや用途がない余剰プルではないのか」と米政府に詰問され、日本側が反論できない窮地に立たされれば、それこそ日本の再処理事業と核燃料サイクルには命取りの事態となりかねない。

そのため、日本政府はもんじゅを所管する文科省の担当者を二〇一七年春にワシントンに派遣し、もんじゅ廃炉決定後に日米間に舞い上がった砂塵の乱流を鎮めようと対米工作に動いた。そして米側にこう伝えることで、その懸念の払拭に努めた。

もんじゅの代わりに、高速実験炉の常陽で使う。「利用目的のないプルトニウムは持たない」とする日本の国際公約に変化はない。

「常陽」は日本初の高速増殖炉として日本の自主技術で建設され、一九七七年に初臨界した茨城県大洗町にある実験炉だ。運転試験を通じた技術の高度化や燃料の照射、高速炉実用化へ向けた革新技術の実証などを目的に、二〇〇七年まで運転された。積算運転時間は七万七九八時間で、もんじゅとは比べものにならない実績を誇る。

私の知る米政府当局者は、もし東海村にある四トンのプルトニウムが「余剰」と認定されれば、日米原子力協定の行方にもそれなりの影響が出ると明言する。だからこそ、「余剰」の烙印を押されぬよう、四トンの使い道を明示する必要に迫られた日本側は、廃炉になるもんじゅではもはや使えないが、常陽の燃料として費消する代替策があるのでご安心下さい、と対米工作を通じて「米側の頭をなでた」(日本側関係者)のであった。

常陽で消費できるのか

しかしそれでも、もんじゅ廃炉に付随する問題が完全に解決されるわけではない。

まず、もんじゅなら年間〇・七~〇・八トンのプルトニウムを消費できるが、これに対し常陽の目安は年間〇・一五トン前後と、プルトニウムの消費能力がもんじゅの五分の一にとどまる。四トンを使い切ろうとすると、今後三〇年近く常陽を稼働し続けなければならないことになる。

さらに、こんな技術的課題を鋭く衝く米政府内の専門家もいる。

「東海村のプルトニウムは再処理してから時間がたっているため(自然崩壊して)一部が放射性物質のアメリシウムに変質している。本当にスムーズに常陽が動くのか? そこが問題だ」

東海村にある再処理施設の運転が始まったのは一九七七年。その後二〇〇七年までに国内原発の使用済み燃料約一一四〇トンを再処理した。既に運転開始から四〇年近くが経過しており、一四年には廃止にすることが決まった。

プルトニウム240は中性子を一個捕獲すると、核分裂しないでプルトニウム241になる。その半減期は「一四・四年」で、この間にプルトニウム241はベータ崩壊してアメリシウム241へと変わる。このアメリシウムが核分裂の阻害要因となることは既に触れたが、東海村で早い時期に再処理したプルトニウムの一定量は「一四・四年」の歳月をとうに過ぎてアメリシウムに変質しているため、「常陽で実際に燃やせるのか」との疑念がこの米専門家の脳裏をよぎったわけだ。

これに対し、常陽を管理・運営するJAEAの専門家は取材に「常陽なら東海村のプルを燃やすことは技術的に可能」と太鼓判を押す。だが、初臨界から四〇年が経過した常陽がどの程度までプルトニウムを燃やす〝焼却炉〟として本当に機能するのか、疑念がまったく残らないわけではない。また、本項執筆時点の二〇一七年八月段階で、常陽が原子力規制委員会の審査を経て新規制(安全)基準をクリアする時間的なメドは立っておらず、東海村のプル問題は視界良好とは言い難い。

さらに、別の深刻な問題がある。もんじゅや常陽といった高速炉から出てくる使用済みMOX燃料は、現時点で世界のどこを見渡しても引取先がないのである。フランスにはかつて高速炉の使用済みMOX燃料を再処理する施設があったが、既に廃止された。その後、高速炉の使用済み燃料を再処理できる施設は建造されておらず、常陽から出てくる使用済みMOX燃料の行き場が世界のどこにもないのだ。

「最終的には、米国に常陽の使用済みMOX燃料を引き取ってもらうしかないかもしれない」。最後は「日米核同盟」に一蓮托生か、「原子力ムラ」の中からは早くもこんな声が漏れ聞こえてくる。

核燃料サイクルの国策死守

我が国は、原子力開発の初期段階から、将来の高速炉の実現を目標に研究開発を着実に進めてきた。現行の「エネルギー基本計画」においても、高速炉開発の推進を含めた核燃料サイクルの推進を基本方針としており、我が国が高速炉開発を進めることの意義は現在においても何ら変わるものではない。

安倍政権が公表した議事概要によると、もんじゅ廃炉を決めた二〇一六年一二月二一日の原子力関係閣僚会議で経産相の世耕弘成は右のように言及し、もんじゅに代表される「高速増殖炉」を断念した後も、これからは「高速炉」を使って核燃料サイクル(以下、核燃サイクルとも表記)路線を堅持する姿勢を鮮明にした。

特殊な構造によってプルトニウムを増殖させる機能を持つ「高速増殖炉」の開発は、もんじゅ廃炉によって断念する。しかし、増殖機能を省いた「高速炉」の開発を常陽の活用やフランスとの協力で進め、半世紀以上の間、不動の国策として追求してきた核燃サイクルは断固死守する――。こんな確固たる意思表示が、世耕の言葉に集約されている。

将来わが国の実情に応じた燃料サイクルを確立するため、増殖炉、燃料要素再処理等の技術の向上を図る(原子力委員会「原子力の研究、開発及び利用に関する長期計画」一九五六年、同委員会ウェブサイトから)。

一九五六年秋、日本初の総合的な原子力政策指針「原子力開発利用長期計画(五六長計)」が策定されるが、そこには右の表現が出てくる。

資源を求め大陸に進出しアジア近隣諸国を侵略した敗戦国は戦後、国策の過ちを決して繰り返すまいと、資源の安定供給を目指し「エネルギー安全保障」を大義に掲げ、原発導入に躍起となった。気づけば二〇一一年の原発事故の時点で、日本の津々浦々に建設された原発は計五四基。さらに、使用済み燃料を再処理してプルトニウムを取り出し、それをMOX燃料として再利用する核燃サイクル路線をひた走ってきた。

「五六長計」の草案作成に携わり、後に科学技術事務次官や原子力委員会委員長代理を歴任する伊原義徳(一九二四年生まれ)は二〇一三年一一月のインタビューでこう語っている。

「日本はエネルギー資源のない国。四%しか自給力がないわけだから、何らかのエネルギーを外国から入れないといけない。何がいいかと検討したら、原子力発電は有効な手段だと…

再処理する必要があるというのは最初から知られていた。再処理しないで使用済み燃料を捨てしまうと、ウランのポテンシャル・エネルギーのせいぜい一%くらいしか使えない。あとは捨ててしまうことになる……

日本でもちゃんとした再処理施設をつくって、ポテンシャル・エネルギー、潜在エネルギーをできるだけ引き出すことをやろうと、一生懸命勉強した」

伊原は一九五五年、「平和のための原子力(アトムズ・フォー・ピース)」を提唱した米大統領ドワイト・アイゼンハワーに招かれた初代「原子力留学生」の一人。世界から集まった新進気鋭の他の三八人の留学生と机を並べ、シカゴ郊外のアルゴンヌ原子核科学工学学校で半年間、原子力発電や核燃サイクルのことを学んだ。「一生懸命勉強した」と右に述懐しているのは、その当時の体験を踏まえたものだ。

空回りする〝不滅〟のサイクル

「あれだけの原発事故があったにもかかわらず、日本は結局、変わることができなかった……」

二〇一七年の初頭、米国のトランプ政権登場までホワイトハウスで原子力政策を担当していた元米政府高官が私の前でこう嘆息した。彼の念頭にあるのは、日本の核燃料サイクル政策だ。

日本の「原子力ムラ」と長期保守政権が日本の国土全体に培養した「原子力安全神話」は、東京電力福島第一原発事故という、決して許されることのない大惨事に行き着いた。福島県災害対策本部の統計によると、東日本大震災から六年二カ月が経過した一七年五月末時点での避難者数は県内避難者も含めて五万八〇〇〇人を超える。

そんな未曽有の国難を体験したにもかかわらず、元米政府高官が嘆息したように、この国の「原子力ムラ」は本当にしぶとい。過去半世紀近く目指してきた高速増殖炉が駄目なら、今度はプルトニウム増殖機能を伴わない高速炉の開発を早々と打ち上げ、「高速炉開発の推進を含めた核燃料サイクルの推進」(世耕)に固執し続ける。

これまで詳述したように、日本は約四七トンのプルトニウムを保有する。その膨大な量のプルトニウムを消費するためにも高速炉路線を推し進め、その実用化まではMOX燃料に加工して今ある軽水炉で使うプルサーマル計画を着実に実施する。そうやってプルトニウムの低減方向を示しながら、プルの大量貯蔵に批判的な国際世論と米国の動きを封印する。そのうち青森県六ヶ所村の再処理工場の運転開始と並行し、原発再稼働と核燃サイクルのギアを一気に上げる——。

これが、現在の日本政府が思い描く〝原子力未来図〟だろう。そこには、脱原発を強く希求する民意を汲み取ろうとする真摯さと、原発事故被害者の声と心に寄り添い国策の過ちを腹の底から学ぼうという謙虚さは、少なくとも私にはあまり感じられない。

しかし、そんな原発回帰と核燃推進の既成事実化が粛々と進む昨今、「ムラ」の中からは異論も出始めている。

新たな高速炉開発はコスト面の課題を重視すべきで、急ぐ必要はない——。国の原子力委員会は二〇一七年一月、「高速炉開発について」と題した「見解」を公表し、こんな主張を展開した。本来は原子力推進の役目を担うはずの原子力委員会だが、安倍政権の拙速な政策決定に警鐘を鳴らし、ブレーキをかけようとしている。推進機関としては異例の対応と言っていい(原子力委員会「高速炉開発について(見解)」二〇一七年一月一三日)。

「旧民主党政権下ではエネルギー政策の方向性を広く国民で議論して決めようという流れがあったが、安倍政権になり逆コースをたどっている」

原発事故被害者の救済や賠償の問題点を究明し続ける大阪市立大学教授の除本理史も二〇一七年三月、震災・原発事故から六年を迎えるに際し、インタビューの中で右のように言明している。多くの読者がうなずく、的を射た分析であり、安倍政権への警告である。

もんじゅ廃炉を受けて舵を切った新たな高速炉開発が、「もんじゅの二の舞い」とならない保証はどこにもない。それにそもそも、もんじゅと再処理工場の建造で既に数兆円規模の浪費を強いられた国民は核燃サイクルの継続を本当に求めているのだろうか。

原発事故の加害責任をあいまいにしたまま、民意不在で進む核燃サイクルと原発回帰。大方の市民が納得しているとは到底思えない。次世代のために不可欠な変革から逃げ、国策破綻の責任追及を回避しながら、安易な現状維持路線が無理押しされる。そして〝不滅〟のサイクルが空回りし続け、虚構と偽装がまかり通りっている。

「忖度」と原発

二〇一七年一月に開幕した第一九三回通常国会は、犯罪を計画段階で処罰する「共謀罪」の趣旨を盛り込んだ改正組織犯罪処罰法をめぐる審議で、自民、公明の与党が参議院法務委員会での採決を省略し、いきなり本会議で可決、会期末ギリギリに成立させる「禁じ手」に出た。

これは案の定、世論の批判を招き、各種世論調査では安倍内閣の支持率が一〇ポイント近く急落した。長崎の被爆者団体は早速、首相退陣を求める見解を表明した。「数の力」に依拠した暴挙は、権力のおごりと慢心に他ならず、憲政史の「汚点」として後世史家に評されるだろう。

そんな第一九三回国会は「W学園問題」、つまり大阪の学校法人・森友学園と、安倍首相の「腹心の友」がトップを務める岡山の学校法人・加計学園に絡むスキャンダルが大きな注目を浴びた。

前者の森友問題は、首相夫人の安倍昭恵が一時名誉校長に就任した小学校の予定地となる大阪府豊中市の国有地が評価額のわずか一四%で売却されたことが発覚、野党が国会で集中砲火を浴びせた。小学校には「安倍晋三」の名前を冠することも当初構想されていたといい、キャラ立ちしすぎる法人トップの籠池泰典は国会の証人喚問で首相夫人から一〇〇万円の寄付を手渡されたとまで証言、度肝を抜く言動はお茶の間の話題をかっさらった。

後者は、首相の親友が理事長を務める加計学園の獣医学部新設計画で、文部科学省が内閣府との計画公表前のやりとりを記したとされる複数の文書が白日の下にさらされ、一気に政治問題化した。首相肝いりの「国家戦略特区」の枠組みで新設が目指されたが、早期開学をめぐり「総理のご意向」「官邸の最高レベルが言っていること」などの記述が見つかったほか、前文科事務次官の前川喜平も「行政が歪められた」と公言、新聞紙面と情報番組を連日賑わせた。

「W学園問題」のキーワードは「忖度」。第一九三回国会まで、この言葉はそれほど広く人口に膾炙する表現ではなかったろう。それが、森友問題が火を噴いたことで、「安倍一強」の牙城である首相官邸の真意を、霞が関の官僚たちがこぞって推し量る政治風土を象徴する流行語となった。

国民の代表である国会議員の真意を忖度する行為は必ずしもまちがいではない。だが真に忖度すべき対象とは、あくまで国会議員の背後にいる国民であり、民意の求めるところだ。そこをはき違えて、「一強」を誇る権力者の政策的選好だけを先取りするような行政運営を続けていては、民心は離れ、国家運営もいずれ行き詰まる。

「W学園問題」にまつわる忖度騒動もあって異様な顚末をたどった第一九三回通常国会。私はその会期中、そんな忖度という、ある意味とても日本的な行政上の所作が、原子力行政にまで蔓延している実態を目の当たりにして、大いに面食らった。

「東京都議選を前に、原発推進のトーンをあまり強く打ち出さないようにと内閣官房が言い出している。どうやら経済産業省の意向が働いているようだ。首相官邸と与党に対する忖度だよ」

森友学園問題が国会を舞台に激しく炎上しているさなかの二〇一七年春、私は内閣府原子力委員会の関係者から右の言葉を聞いた。

原子力委員会はこの頃、原子力政策の中長期的な羅針盤となる「原子力利用に関する基本的考え方」を策定する最終作業を進めていた。その過程で、自民党不利が伝えられるこの年七月の東京都議会選挙への影響を気にした一部官僚が、もともと原子力推進機関である原子力委員会に「書きぶりにはくれぐれも注意するように」とくぎを刺してきたという。

この当時、東京都知事の小池百合子率いる新党「都民ファーストの会」が攻勢を強めており、「W学園問題」も手伝って、自民党は厳しい逆風にさらされていた。そんな中、原子力行政に携わる経産省と首相官邸のお膝元にある内閣官房が、政治的苦境にあえぐ安倍政権と与党自民党の心中を忖度した、というのがこの関係者の見立てだ。

それかあらぬか、原子力委員会が同年四月末に取りまとめた「基本的考え方」は、「原子力は安全確保を大前提に、環境や国民生活、経済を意識して進める」としており、慎重かつ抑制的な表現が使われた(原子力委員会「原子力利用に関する基本的考え方(案)」二〇一七年四月二六日。パブリックコメントを取る前なので、この時点では「案」となっている)。

公僕失格

水面下で原子力委員会にシグナルを送った官僚たちの底意は何だったのか。おそらくそれは、二〇二一年まで続く可能性が高い長期安定政権への配慮と期待であり、この原子力委員会関係者が指摘するように、「一強」を謳歌する為政者とその〝御側用人〟らへの忖度だろう。

だが、そうした行為は、国民への裏切り行為そのものではなかろうか。なぜなら、「経産省主導」

とも言われる安倍政権は今後も全国各地にある原発の再稼働を着実に進め、高速増殖原型炉もんじゅの廃炉後も、使用済み燃料の再処理を扇の要とした核燃サイクル路線を推進させる考えだからだ。脱原発を志向する民意はものともせずに。

目先の選挙が招くかもしれない政権与党へのダメージの抑制を狙って、重要政策の実相を包み隠し、そこに内在する矛盾を糊塗しようという思惑が官僚サイドに働いていたとしたなら、それはまさに「公僕失格」であり、政策本位で市民が政治家を選ぶ民主主義への背信行為とすら言っていい。官僚たちのシグナルが、どこまで原子力委員会の最終判断に影響を与えたのかは判然としない。しかしそこには、「W学園問題」と同根の病理が観察できる。それは、あまりに強大に映る権力者の政策的な嗜好を先読みする官僚の独善性であり、その後景で市民目線の政策立案が放棄され、道理と合理に根差した政策判断がないがしろにされているという永田町と霞が関の現実である。

被爆国を治める政府の偽装ぶりが「原子力の平和利用」の名の下にくっきりと浮かび上がる。

日印原子力協定の署名式で握手するインドのモディ首相(左)と安倍首相(2016年11月11日,首相官邸,共同)

第4章

剝がれた“非核の仮面”

核不拡散体制の「アウトサイダー」インドとの協定

アジアの大国

先の敗戦と被爆から七二年となる二〇一七年、日本政府の〝非核の仮面〟が、もう一枚剥がれた。与党の自民、公明両党が圧倒的多数を握る国会の承認を得て、安倍晋三政権がインドとの原子力協定を結んだからだ。

インドは一二億超(二〇一一年国勢調査)の民が生活を営むアジアの大国だ。人口は中国に次ぐ世界第二位。名目国内総生産(GDP)は日本の半分にも満たない二兆億ドル(一五年・世界銀行)ながらも、そのGDP成長率は、せいぜい一～三%台の日米欧の先進国を遥かに凌ぐ七・九%(同)を誇る。

日本人には馴染みの深い仏教発祥の国であり、日本人の大好きなカレーの国でもある。紀元前二六〇〇年に遡るインダス文明にその栄光は始まり、世界遺産にもなった一七世紀ムガル帝国時代のタージ・マハルがあり、そして「非暴力・不服従」を唱えたインド独立の父マハトマ・ガンディーに、戦後国際政治で「第三世界」のキーパーソンとなったジャワハルラール・ネルーらの知的巨人たちの国。

世界最大の民主主義国家でもあり、国際社会が熱い視線を注ぐ世界経済の成長センターでもあるインド。文明と文化の薫り高い大国、そこに暮らすとても賢明なインドの人びとと、われわれ日本人が手を携えながらアジアの平和と安定に注力していくことはまったくもって素晴らしいサクセスストーリーだ。

特に中国が「法の支配」を無視して、南シナ海の岩礁を埋め立てて軍事基地を建設する物騒な時代である。日印間のさまざまなレベルでの協調・協働は不可欠であり、民主主義的価値観を共有するインドとは仲良く謙虚に付き合っていかなくてはならない。

しかし、そんなインドと原子力協力を進めるのは被爆国としていただけない。

確かに経済成長著しいインドは電力を求めている。エネルギー消費も中国、米国に次ぐ世界第三位である上、停電も頻繁に起きており、日本の電気事業連合会(電事連)のウェブサイトによると、貧困地帯には電気が来ておらず、四人に一人が電気を利用できない状態だという。電源別内訳では、八割近くが主に石炭を使った火力であり、原子力はせいぜい三〜四%程度。地球温暖化対策も兼ねてインドは原子力を本格的に導入し、一二億人の市民生活を底上げし、右肩上がりの産業界の電力需要をまかないたい考えだ。

掟破りの〝前科〟

それでも、なぜインドとの原子力協力が「被爆国としていただけない」ことなのか。その答えは簡単だ。「原子力の世界」のルールを守らなかった前歴、やや言葉は悪いが、掟破りの〝前科〟があるからだ。

インドは一九七四年五月、「平和的核爆発」と称して同国最初の核実験に踏み切った。そのコードネームは「微笑むブッダ(Smiling Buddha)」。いささか恐れおおく、なにやら罰当たりな印象すら抱いてしまうが、インドがこの核実験にいかに国威を掛けていたかがわかる。

そしてそこに至るプロセスは、まさに掟破りであった。なぜなら、「平和用」「民生用」としてカナダから輸入した重水炉と米国から調達した重水を使い、使用済み燃料内に生成されたプルトニウムを再処理によって抽出、これを核爆弾の原料としたからだ。

いくら、安全保障上の脅威である隣の中国が一〇年前の一九六四年に核実験をいち早く成功させたとはいえ、「平和目的」との説明で第三国から輸入した原子力資機材を「軍事転用」するのは御法度である。米国とカナダは「平和的核爆発？ そんなことは聞いていない！ だまされた」と怒り憤懣だったであろう。

ブッダがインドに微笑んだとされる一九七四年の時点で、核兵器を保有することが認められていた国は、世界広しといえども、わずか五つしかなかった。だれが核保有を認め、どの国が認められたのか。それは七〇年発効の核拡散防止条約（NPT）と呼ばれる国際法であり、六七年の元旦以前に核兵器を製造し爆発をさせた米国（最初の核実験は四五年）、ソ連（同四九年）、英国（同五二年）、フランス（同六〇年）、中国（同六四年）の五カ国だった。

米国とソ連は一九六〇年代に入り、自分たち以外にも核保有国がどんどん増えていくことに恐怖感を覚えた。第三五代米大統領のジョン・F・ケネディは暗殺される八カ月前の六三年三月二一日、記者会見でこんな不吉な予測をしている。

われわれが成功を収めなければ、一九七〇年までに現在の四カ国（筆者註：米国、ソ連、英国、フランス」ではなく一〇カ国、七五年には一五〜二〇カ国が核兵器を保有するかもしれない(President Kennedy's News Conference, March 21, 1963, John F. Kennedy Library's website)。

このケネディの悲観的な見方が現実のものとなることは、米ソが独占してきた核兵器がより多くの者の手に行き渡ること、その分だけ世界が不安定化する恐れがあること、さらに米ソの超大国としての地位とパワーが脅かされることを意味した。

そこで米国はソ連、英国と一致団結して一九六八年までにNPTという新たな国際法を作り、六七年一月一日以降の核爆発を「違法行為」と定めた。米ソには、先の大戦の敵国である日本とドイツの核オプションを封殺するという隠された戦略的思惑もあった。突如出現したNPTに対し、中国の怪しい動きを横目に核兵器の研究・開発を水面下で既に進めていたインドは強く反発した。

NPTは核を持つ者と持たざる者に峻別した不平等条約である——。これが今日まで続く一貫したインドの主張であり、インドの隣で同様に核開発に手を染めたパキスタン、さらに核保有を公言せず「肯定も否定もしない」政策を採り続けるイスラエルと共に、今なおNPTに加盟していない。

外務省のホームページによると、二〇一七年四月時点でNPTに加盟している国は一九一カ国。非締約国は右の三カ国に加え、独立から間もない南スーダンのわずか四カ国。南スーダンは内戦が再燃したため、国連平和維持活動(PKO)に参加していた自衛隊部隊が一七年に撤退した国である。

原子力ルネサンス――インドに訪れた僥倖

NPTに背を向け、「平和利用」の名目で調達した原発資機材で一九七四年に核実験を強行したインド。いわば青天の霹靂のような出来事に衝撃を受けた米国は、この年以降、「第二のインドは許さない」として、新たな核保有国の誕生を阻止すべく核不拡散政策の大幅な強化を進める。

特に一九七七年、ジミー・カーター政権が登場すると、核爆弾の原料となる核物質プルトニウムの生産規制、すなわち原発から出る使用済み燃料の再処理を止める動きに出た。

カーターはまず、米国内での再処理事業の凍結を決めた。そして日本や欧州諸国にも再処理事業の凍結を促し、世界規模でのプルトニウム生産の停止を目指す。しかし、原発事業拡大に猛進する日本や欧州はこれに反対し、世界的な再処理凍結を目指したカーターの野心的な目論見は挫折を余儀なくされる。

それでも米国は別の手段を使って、「第二のインド」を生まないための仕掛けづくりに余念がなかった。米国は英国やフランス、当時の西ドイツ、カナダ、日本、そしてソ連との間で「原子力供給国グループ(NSG)」を立ち上げ、一九七八年には原発資機材の輸出に新たなガイドラインを設けた。これらの原子力先進国はとりわけ、再処理やウラン濃縮といった核兵器開発につながる「機微技術」の流出を厳しく管理することに心を砕いた。

NSGは、「インドの轍」を踏まないために結成された原子力輸出管理の有志国グループであり、インドの核実験で動揺したNPTのてこ入れを図るための補完的な枠組みだった。

こうした経緯があるためインドは長年、NPTを頂点とした国際的な核不拡散体制の「アウトサイダー」であり「アウトロー」であり続けた。インド同様、NPT未加盟のパキスタンとイスラエルもNSGの標的となった。

そのうち、「核と戦争の時代」だった二〇世紀が終わり、二一世紀に入ると、そんなインドにとって、原子力の世界における「鎖国状態」を解く僥倖が訪れる。新興国を中心に国際的なエネルギー需要が急速に高まり、これを満たすために、二〇〇〇年代中葉から「原子力ルネサンス」がやたら喧伝されるようになったのだ。

これと前後して、米国のブッシュ(子)政権は経済・軍事両分野で台頭する中国を念頭にインドとの戦略的な関係構築に乗り出し、米印原子力協力をその中核アイテムの一つに位置づけた。こうしたブッシュ政権の親インド路線は、原子力産業をはじめとする米国のビジネス界、さらにはインドの激しいロビー工作を受けた米議会の歓迎するところとなる。そして二〇〇七年、ブッシュ政権はインドへの原発輸出を実現すべく原子力協定を結んだ。

「核の踏み絵」

そんな米国の政策転換は、日本の核不拡散政策を揺るがす一大事だった。なぜなら、国際的な核秩序に強大な影響力を持ち、日本の外交政策にも絶大なる発言力を持つ米国が、インドに対する原子力政策を一八〇度変えたからだ。そして、日本は米国から「踏み絵」を踏まされることになる。

インドとの協定を早くに妥結させた米国はまず、一九七四年のインドの核実験を受け発足したNSGの抜本的なルール改定に動いた。NSGは法的拘束力のない「紳士同盟」だが、「第二のインド」をつくらないため、原子力関連輸出に関する厳格なガイドラインを定めている。たとえば、NSGのメンバー国から原発を輸入する国は国際原子力機関（IAEA）との間で「包括的保障措置協定」を結ばなくてはならない。それは、核物質を扱うすべての原子力施設をIAEAの査察下に置くことを意味する。

しかし、NPT未加盟のインドはIAEAと包括的保障措置協定を結んでおらず、従来のNSGルールのままでは、インドに原発を輸出できない。そこで米国は、長年のルールを曲げてインドを「例外扱い」することを主張し始めた。そしてブッシュ政権の残り任期が半年を切った二〇〇八年夏、ルール改定へ向けた猛烈な外交攻勢へと打って出る。

NSGはコンセンサス（全会一致）方式を採っている。だからルール改定の実現には、一国たりとも「刃こぼれ」が許されず、米国はNSG加盟の他の四四カ国すべての賛同を得なくてはならなかった。

「ウィーンに（核政策を担当する米国務次官代理の）ジョン・ルードがやってきて、各国代表を個別に呼び付けて説得に当たった。その一方で、首都ワシントンから各国政府に電話をかけ、インド例外化を認めさせようとした。日本は説得に応じなかった最後のグループだった」（日本外交筋への二〇一〇年一二月のインタビュー）

二〇〇八年夏、ウィーンに四五カ国の代表が集まり、NSGの臨時総会が開かれた。インドの例外扱いを認めるか否かを話し合うためだ。右の証言にあるように、米国はウィーンの現場での直接工作に加え、首都ワシントンから各国首都への電話攻勢という二正面作戦で各国へ必死の説得を試みた。ワシントンで受話器を握っていたのは、ブッシュ大統領の信任が厚い国務長官コンドリーザ・ライスだったという。

インドへの原発輸出を急ぐ米国が各国に突きつけた「インド例外化」という「核の踏み絵」。巨大な原子力産業を抱えるロシアとフランスは早々に米国を支持したが、難色を示す国も少なくなかった。被爆国の反核世論を踏まえ、インドへの原子力協力に慎重姿勢を取る日本も、最後まで「踏み絵」を踏むことに躊躇した。

ルビコンを渡った被爆国

しかし超大国である米国の底力は、とてつもなかった。二〇〇八年夏に二度のNSG臨時総会が開かれると、米国は「インド例外化容認」の流れを一気呵成に作り上げた。「最後は、日本の代表団が一室に閉じ込められ、米国の激しい説得工作にさらされた」。とある日本外交筋は後にこう解説してくれたが、米国の外交工作は、「えげつなかった」のひと言に尽きる。

結局、NSGは日本を含む全加盟国が了解する形で、インドを例外扱いし、NSGルールの対象外とすることに採を決した。これにより、NPTの「アウトサイダー」であるインドへの原発輸出に道が開かれる結果となったのだ。そのことは、米国の激烈なプレッシャーを全身に浴びた日本が「核の踏み絵」を踏むと同時に、唯一の被爆国までもが「ルビコン」を渡ったことを物語っていた。

なお例外化の恩恵を浴することになったインドは、NSGの決定に合わせ、①核実験の自発的モラトリアム(停止)を継続する、②民生用原子力施設を軍事施設から分離し、IAEAに申告し査察実施の協定を結ぶ――ことなどを明記した「約束と行動」を表明した("Nuclear Suppliers Group's Statement on Civil Nuclear Cooperation with India," September 6, 2008)。

インドが約束した核実験停止は、NSGルールの改定に後ろ向きだった日本などの懸念に応えようとする外交努力だった。それはまた、インド核実験の衝撃を受けて構築されたNSG体制の変貌に対する精いっぱいの激変緩和措置だったとも言える。

だがそれでも、「インド例外化」を認めるNSGルールの改定は、国際的な核不拡散体制の一大転換を意味することに何ら変わりはなかった。

巨大市場インドでの原発ビジネス促進、インドとの戦略関係構築、インドの電力不足解消、地球温暖化対策……。以降、さまざまな名目で先進国はインドとの原子力協力を推進し、これを正当化していった。その隊列は、米国を先頭にフランス、ロシア、英国、カナダ、オーストラリアと続いた。まさに、ひとたび渡れば此岸には決して戻れぬ「ルビコン」を渡るかのように。そしてそんな大きな潮の流れに、被爆国日本も飲み込まれていった。

原発輸出促進と合致した「外圧」

時は流れて二〇一〇年初夏のことだ。「インド例外化」を決めたNSGルールの改定から二〇カ月余が経過し、この間、日本の首相は自民党の麻生太郎から民主党(現在の民進党)の鳩山由紀夫、そして同じく民主党の菅直人へと猫の目のように変わっていた。

二〇一〇年六月二四日午後九時半、首相の菅はカナダでの主要国首脳会議（サミット）出席のため、政府専用機で羽田空港を飛び立った。菅が政権トップの座に就いたのはわずか二〇日前。そんな新米首相は政府専用機の中で、ある重要な政策判断を求められた。NPT未加盟の核保有国インドとの間で原子力協定を結ぶべく、交渉を開始するか否か——。

当時まだ健全な経営環境にあったウェスチングハウス・エレクトリック（WH）やアレバなど米仏の原子力大手は、日本の東芝や日立製作所、三菱重工業と連携してインド市場進出を狙っており、成功裏にビジネスを進めるには日本との協力が不可欠だった。

さらに米仏の大手は、原子炉圧力容器など原発向け大型鍛鋼品で世界シェアの約八割を誇る日本製鋼所の高品質資機材を喉から手が出るほど欲しがっていた。そのため、米国とフランスは官民挙げて、インドとの原子力協定を結ぶよう日本政府に強く働きかけた。原子力協定とは、民生用の原子力資機材の貿易取引を可能にする条約であり、取引した資機材の軍事転用阻止を狙った法的枠組みでもある。

これは、福島で未曾有の原発事故が起きる以前の話だ。しかもちょうどこの頃、菅政権は、原発輸出促進を盛り込んだ「成長戦略」を強力に推し進めていた。だから、「インドへの原発輸出を可能にする日印原子力協定締結へ向け、交渉を始めるべきです」と進言されても、菅には特段の迷いも何のこだわりもなかった。

「菅首相は岡田克也外相と仙谷由人官房長官がＯＫなら〔インドとの協定交渉を始めて〕いいとの判断だった」

経済産業省幹部は当時、取材にこう語っている。交渉入りは、この一年ほど前から米仏の「外圧」にさらされていた経産省主導で進んだ。この幹部はこうも証言している。

「アレバや米大手が日本にアプローチしてきた。一六〇万キロワットの原発製造には日本製鋼所の圧力容器が必要だから」

経産相だった直嶋正行も閣僚退任後の二〇一六年のインタビューで、アレバのトップから「安全性が高く品質のいい圧力容器を」と直接的な働きかけを当時受けていた、と語っている。全発電量の三～四％にすぎない原子力発電を二〇五〇年には二五％にする目標を掲げるインド。米仏両国のみならず、日本の「原子力ムラ」にとってもインドはあまりに魅力的な未開拓市場だった。

「迷いに迷い抜いた」葛藤する外相

「びっくりした。経産省なのか、首相官邸だったのか……」

菅が日印原子力協定の交渉入りを決めた二〇一〇年六月に外相だった岡田克也は、一五年四月のインタビューに右のように語っている。経産省主導で進んだインドへの「日の丸原発」輸出路線は、岡田にとって寝耳に水だったようだ。岡田は一四年に出版した自著でも当時のことを次のように振り返っている。

この原子力協定の一件もそうだが、NPTに加盟せずに核武装したインドと、どのようにつきあっていくかは、日本にとって重い課題である。だが、いままで日本政府はこの問題と真剣に向き合ってきただろうか。

インドの問題についてはもう少し深く考えるべきと思い、省内会議も回を重ねた。しかし、結論は容易には出なかった。そういう中、〔外務〕大臣の意向を横に置いて、事務当局が他省庁とともに話を前に進めようとする場面があったことも事実である(岡田克也『外交をひらく――核軍縮・密約問題の現場で』岩波書店、二〇一四年、一八八頁)。

自民党からの政権奪取を実現した鳩山の下で二〇〇九年九月、外相に就任した岡田は一年間の在任中、米軍核搭載艦船の日本寄港をめぐる「核密約」をはじめ日米密約問題の全容解明を主導した。核軍縮・不拡散をライフワークとして位置づけ、中国外相との会談では中国に核戦力の透明性を執拗に求めるあまり、大げんかをしたこともある。

そんな、核問題に強い思い入れがあり、日本政界屈指の「堅物」としても知られる岡田の独白からは、外相としてインドとの交渉入りに逡巡、懊悩した様子が伝わってくる。二〇一六年二月、私は岡田に再度インタビューしたが、その時はこう詳述してくれた。

「〔日印原子力協定の交渉開始は〕外相として最も悩んだ問題だ。協定を結べば、NPT未加盟のインドの核戦力を既成事実化する。日本が積極的にそうした役割を果たすことに深い葛藤があった。経産省が早くから動いており、当時の直嶋経産相が二〇一〇年四月にインドを訪れた際、『原子力協定に関しては外相に権限があり、先走りしないように』とくぎを刺した。

外務省の事務方からは何度も説明を受け、迷いに迷い抜いた。自分のところで拙速な動きを押し止めているとの認識もあったが、最終的に交渉入りを認めた。インドの政治的・経済的重要性、日本とともに国連安全保障理事会常任理事国入りを目指していた経緯、プラント輸出推進が当時の政府方針だったことなどを総合的に考え、やむを得ないと判断した」

経産省は協定ありき

岡田も指摘するように、インドとの原子力協定は経産省がリードした。首相の菅が政府専用機でインドとの交渉入りを決める一週間前の二〇一〇年六月一七日、私は経産省首脳から直に聞いた言葉を次のように取材メモに残している。

「核不拡散のためには、どっちがいいかだ。まあ『鎖国はやめよう』ということだ。米国とフランスは民間レベルで日本政府に『はっきりしてくれ』と言ってきている。アレバの社長と〔直嶋〕大臣はしょっちゅう会っているから。〔アレバやWHなどは〕一番いいものを手に入れたがっている。でもダメなら他に行くよ、ということだよ。〔官邸も〕ポジティブだ。成長戦略の柱だしね」

「鎖国」――。言い得て妙な表現だ。NSGのルール改定を受け、米欧諸国が堰を切ったようにインドとの原子力協定を結び、インドへの原発輸出を虎視眈々と狙っている。そんな中、日本だけがインドへの原子力禁輸を続けている現状に原発推進の経産省はしびれを切らしていた。

用意周到な経産省は二〇一〇年春に早々と経産相の直嶋をインドへ送り込み、将来の原子力協力を視野に入れた日印作業部会を設置していた。そして、日印原子力協定の交渉入りへ向けて静かに舵を切るように、核不拡散を重視する外相、岡田の外堀を徐々に埋めていった。

「経産は協定ありきだったよ」。日印協定の早期妥結を目指して先走りする経産省の姿勢を横目に、こう私に直言する霞が関のキャリア官僚もいた。

タフネゴシエーター

二〇一〇年六月の交渉開始を受け、日印両国は翌一一年中の交渉妥結、さらに原子力協定締結を目指したが、実質的な交渉が進むと、すぐに双方の食い違いが浮き彫りになった。

「われわれは既に日本側に対し、インドの考え方を提示した。核兵器計画への不干渉、使用済み燃料の再処理容認、そして核実験禁止措置を協定に盛り込まないこと。これらはすべてインドにとって重要な要素だ。インドが既に米国や他の国と合意したテンプレート(定式)なのに、どうして日本だけがこれを受け入れられないのか。日本が政治決断しない限り、この夏前の日印交渉妥結はないだろう」

二〇一一年二月、インドの外交官はこう語り、「ボールは日本側にある」と強く示唆してみせた。インドの言い分はとうに伝えたので、あとは日本がこれを呑むか呑まないかだ、というのがこの外交官の主張だ。

右のコメントからもわかるように、インドは原子力協定作成にあたり、日本政府に①日本がインドの核兵器計画に干渉しないよう確約すること、②「日の丸原発」から出た使用済み燃料を自由に再処理できるよう認めること、③インドが既に誓約している「核実験停止継続」の文言を協定に明記しないこと——を執拗に求めていた。

だがこれらインド側の要求は、被爆国の国内世論を考えると、日本政府には受け入れがたい内容だった。当然、交渉はもつれた。インド国民は自尊心が高く、早口かつ独特な調子で英語を巧みに操るインドの外交官も人当たりこそいいが、とにかくタフな交渉相手(ネゴシエーター)だ。自分たちの原則を固持し、筋を通し、しかも粘り腰なのだ。

③の核実験停止についても、インドが国際社会に表明しているのは「自発的(ボランタリー)かつ

一方的（ユニラテラル）」な宣言であり、他人にとやかく言われて実験を止めているわけではなく、それはあくまで自分たちの主権に基づく判断だ、というのがインドの立場だ。だから、日本との原子力協定にも「核実験云々」といちいち明記するまでもないとの持説を交渉の場でも徹底して貫いた。

それはまさに自決権の表れであり、自尊心の裏返しと言える。一九〇四年の日露戦争で非白人国家の日本が白人国家のロシアに勝利した際、インドでは民族自決の理念が高まったというが、インド人の矜持である自決権や自尊心は、ややナショナリスティックな外交姿勢にも通底するのかもしれない。

インド・パキスタン・中国　核のトライアングル

なお、前項で言及した②「日の丸原発」から出た使用済み燃料を自由に再処理できるよう認めること、についても解説が必要かもしれない。

原発から出る使用済み燃料の再処理を認めるということは、インドがプルトニウムの抽出を自由に行える権利を獲得することと同義だ。既に触れたが、原発から出る「原子炉級プルトニウム」でも核兵器は十分に製造可能である。もちろんインドが日本と原子力協定を結べば、そうした軍事転用は違法行為となるので、インドもよほど気をつけるはずだが、それでもインドのような核保有国に再処理のフリーハンドを与えることには大きな問題が残る。

なぜなら、インドの隣国で同じＮＰＴ未加盟の核保有国パキスタンの「反作用」が懸念されるか

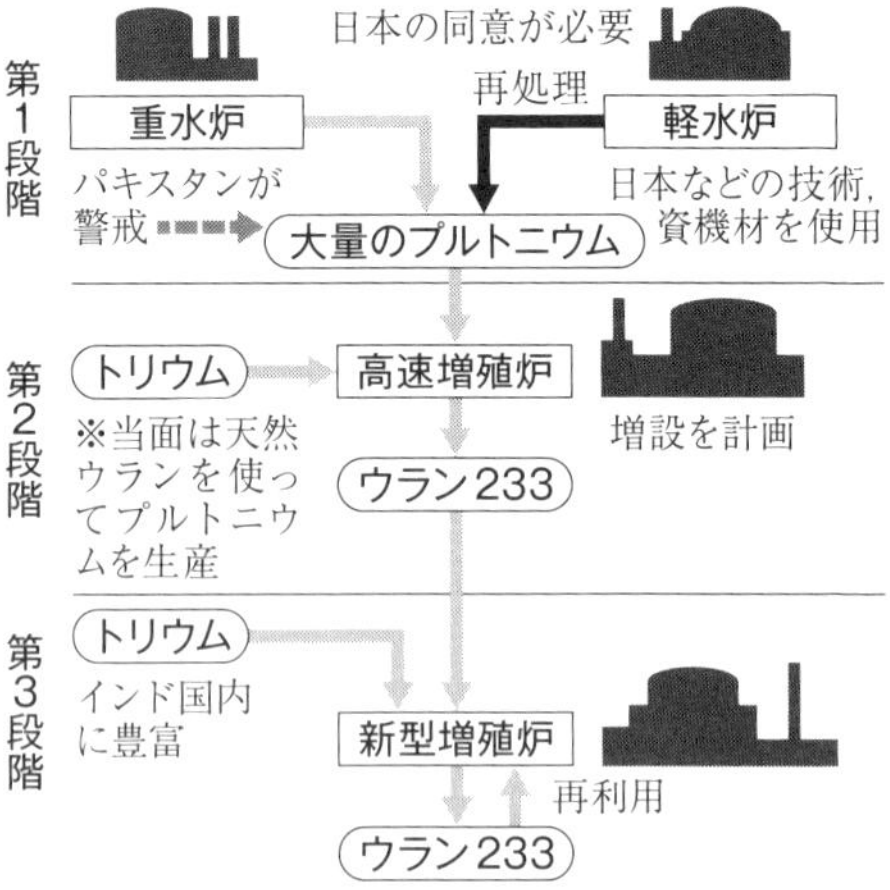

インドの目指す核燃料サイクル

らだ。パキスタンはインドの後を追うように核開発を進め、一九九八年に初の核実験に踏み切った。そして二〇一七年、今やその核兵器保有数は一三〇～一四〇発とされ、インドの一二〇～一三〇発をわずかに上回る量にまで到達した。NPTで核保有を認められている英国が二一五発だから、それに迫らんとする勢いだ(Shannon Kile and Hans Kristensen, "Trends in World Nuclear Forces, 2017," SIPRI Fact Sheet, 2017)。

インドは日米欧豪から調達する予定の軽水炉やウラン燃料を使って原子力発電を本格化し、軽水炉から出る使用済み燃料は新設の民生用施設で再処理したい考えだ。そして再処理で得た大量のプルトニウムを、インド国内に豊富にある「トリウム232」ないしは天然ウランとともに、今後本核稼働する見通しの高速増殖炉に燃料として投じる。

すると高速増殖炉の中では、高速中性子の照射によって「ウラン233」が生成される。インドはこのウラン233とトリウム232を次世代の新型増殖炉の燃料として活用、さらに、燃焼後に生成されるウラン233の再利用を図ることで、独自の核燃料サイクルを実現する野望を長年抱いてきた。

だからこそ、「日の丸原発」をはじめ、外国から導入する軽水炉から出る使用済み燃料はすべて再処理できる制度設計にしておきたい。そのためには、原発輸出国である日本や米国、欧州諸国から、再処理実施の同意をあらかじめ取りつけておく必要があった。

ただ、そこで問題になるのは、インドが大量のプルトニウムを保有することだ。日米などとの協力を通じて民生用プルトニウムを手にすることができれば、インドは自国内にわずかな埋蔵量しかない「虎の子」のウランを核兵器計画に惜しみなく投入できる。確かに日本や米国がインドの核戦力増強に直接、手を貸すわけではないのだが、民生用原子力協力の枠組みでインドのプルトニウム増産を支援することになるため、間接的にインドの核兵器プログラムを側面支援する結果とならざるを得ない。

そんな光景は、パキスタンの目にどう映るだろうか。インドの核兵器増産に備え、自らの核兵器を絶えず増強する必要性を自覚するのではないか。そうなればパキスタンは核戦力拡大に走り、インドとの間でいつしか核軍拡競争が始まる。パキスタンが近年、核兵器保有数を急速に伸ばし、インドのその数を凌駕しているのも、そうした兆候の表れだろう。

「経済的に台頭著しい大国インドをNPT未加盟国だからといって、いつまでもNPTを頂点とする核不拡散体制の外側に置いておくべきではない。原子力協定を結ぶことでインドを実質的に国際的な核不拡散体制に取り込むべきだ」。安倍政権の外相を長く務めた岸田文雄ら日本の外交エリートはこう主張し、日印原子力協定を正当化してきた。

しかし、この論理に欠落しているのは、インドを「不倶戴天の敵」とみなすパキスタンが果たしてどう動くか、インド同様にプルトニウムを増産するのではないか、といった先を読む戦略的な想像力だ。インドへの原子力協力という能動的な「作用」が招来し得る、蓋然性の高い「反作用」への思慮が働いておらず、岸田らの主張には大きな落とし穴がある。

今後、日米欧などの協力でインドが原子力大国化し、印パ間の核軍拡競争が激化すれば、インドと国境紛争を繰り返してきた中国にも影響を与えないわけにはいかない。ストックホルム国際平和研究所(SIPRI)によると、二〇一七年の中国の核保有数は前年から微増の二七〇発。パキスタンと核開発で火花を散らすインドを意識してか、中国も核軍拡のスパイラルに入りつつあるようだ。インドとパキスタン、さらに中国を巻き込んだ複雑な「核のトライアングル」。行き着く先はアジアの戦略環境の不安定化であり、日本の安全保障への重大なる悪影響ではないか。

中国当局は、フランス大手のアレバとの間で民生用再処理施設導入へ向け交渉を続けており、中国にも青森県六ヶ所村の再処理工場と同規模の再処理工場ができれば、中国はプルトニウムの量産体制を築くだろう。アジア全体でプルトニウムの量が爆発的に増え、新たな〝核の火薬庫〟と化す恐れが十分にある。そしてその一部がテロリストの手に渡れば、想像を絶する帰結と戦慄にこの地域、いや地球全体が見舞われることになる。

3・11から再政権交代へ　変わった潮目

民主党政権下でスタートした日本とインドの原子力協定交渉に話を戻したい。

インドが対日交渉で厳しい要求を突きつける中、二〇一一年三月、日本に未曽有の国難が訪れる。東京電力福島第一原発事故だ。軽水炉五四基を動かす世界的な原発大国を突如襲った「想定外」。その根っこにあった「原子力安全神話」という巨大な虚構が白日の下にさらされ、日本の「原子力ムラ」は瀕死の状態となった。

政府の初動対応のまずさから、住民避難にも大きな混乱が生じ、第一原発から北西方向へ伸びた放射性プルーム(雲)は情報不足によって同じ方向へ逃げ惑う人びとに「無用の被曝」をも強いてしまった。そしてメルトダウンの末、三つの原子炉建屋で起きた連鎖的な水素爆発は一五万人を超える人びとに避難生活を余儀なくさせた。

「原子の火」がもたらした、その破壊的事象は必然的に日本の市民の間に脱原発の気運を瞬く間に醸成した。電力会社と二人三脚で原発を推進してきた政府も今さら「成長戦略」のスローガンの下、原発輸出の旗を振るなど、到底できない社会的ムードが日本全土を覆った。ましてや、NPTの枠外にいるインドとの原子力協力を進める余裕などなくなり、民主党政権は日印交渉を棚上げした。

しかし二〇一二年末、事故前に「原子力安全神話」の片棒を担いだ自民党と、同党総裁の安倍晋三が権力の座に返り咲くと、そんな脱原発の潮目は大きく変わる。

「安倍首相が政策見直しを決めた。明日の日印首脳会談は交渉加速で合意する」

二〇一三年五月二八日、首相側近は私に対し右のように断言したものだ。この言葉通り、安倍とインド首相のマンモハン・シンは東京での首脳会談で協定交渉の迅速化を図ることで合意し、事務方に交渉加速を指示した。

初の再処理容認

ただ、日印交渉再開後もインドの強硬姿勢に変化はなかった。

「インドが求める再処理の実施だが、日本は認める方向だ。だが〔その条件として〕インドに対し、日本並みに厳しいＩＡＥＡの包括的な査察を受け入れ、『在庫目録』を提出するよう求めている。しかしインドは在庫目録を出さない考えだ」

交渉が行き詰まりを見せていた二〇一五年初頭、交渉筋がこう語り、膠着状態の理由を説明してくれた。日本が輸出する「日の丸原発」から出る使用済み燃料の再処理をインドに認めるかどうかは交渉の重大争点だったが、米欧が既に再処理容認を決めており、日本も追随することにしたという。

日本は二一世紀になるまで、どちらかというと原発輸入国だったが、近年はもっぱら原発輸出国の立場で各国との原子力協定を結んでいる。日本が輸出国として相手国の再処理を認めたことはなく、インドが初のケースとなる。再処理は軍事転用可能なプルトニウムを量産するだけに、これを認める側は核不拡散の観点から、慎重にも慎重を期さなくてはならない。

そのため日本は再処理容認の前提として、日本と同じレベルの厳格なＩＡＥＡ査察を受け入れること、さらに再処理後のプルトニウムの追跡を可能にする「在庫目録」を提出するよう強く要求したのだった。

在庫目録は、ウランやプルトニウムの量や所在を明記した文書で、核物質の行方を追う手掛かりとなる記録だ。使用済み燃料の中にあるプルトニウムもその対象となる。日本はこれまで一貫して、原子力協定を結んだ相手国にこの在庫目録の提出を求めてきた。

日本が比較的最近結んだベトナム、ヨルダン、トルコとの各原子力協定にも、在庫目録の提出義務がまぎれもない文面で書かれている。たとえば二〇一二年発効の「日本ベトナム原子力協定」の付属文書には「両締約国政府は、協定の効果的な実施のため、協定の適用を受ける核物質、資材、設備及び技術の最新の在庫目録を毎年交換することが確認される」と書かれている。

在庫目録は、再処理実施を予定するインドのような国を相手にする場合、とりわけ重要だ。再処理によってどのくらいのプルトニウムが生成され、今この現在それがどこにあるかを把握することは、軍事転用に目を光らせる有効な手段となるからだ。

しかしながら、件《くだん》のインドは「国内の民生用原子力施設がＩＡＥＡ査察を受けるのだから、在庫目録の提出は不要」との一点張りだった。インドは、米国やカナダなど同様に在庫目録提出を求める他の国の要求もとうにはねつけていた。

大物起用

インド側が在庫目録の提出に応じる構えを見せず、日印交渉の停滞状況が続いていた。そんな中、二〇一五年の春、首相の安倍に近い外務審議官の杉山晋輔と、日本通のインド外務次官スブラマニヤム・ジャイシャンカルが水面下の秘密交渉で妥協案を模索し始める。

外務審議官は、外国にある大使館や領事館を含め六〇〇〇人に上る外務省職員の中で、トップの外務事務次官に次ぐ事務方ナンバー2の要職だ。外務審議官は政務担当と経済担当の二人がいるが、事務次官に次ぐ杉山は政務担当。首相外遊にも随行し、首相官邸へのアクセス度が抜群に高い。

かたや、杉山の交渉相手であるインド外務次官のジャイシャンカルは、在日インド大使館勤務の経験もある知日派で、北京とワシントンで大使を歴任した超大物外交官。ナレンドラ・モディ首相の信頼も厚いとされる。原子力協定交渉の早期妥結を目論む日印両国は、それぞれの政府首脳に通じる大物外交官を起用して、膠着状態の打開を試みたのだった。

二〇一五年四月、杉山はインドのデリーを訪れ、ジャイシャンカルと会談する。日本外務省はこの時「日印次官級2+2対話」、すなわち外務、防衛次官レベルの二国間対話が行われたと公表しているが、この定期協議の枠組みをいわば隠れみのにし、二人は着地点をひそかに探った。

この後も杉山とジャイシャンカルは頻繁に対話を重ねながら、二〇一五年秋までに基本的な合意にたどり着く。それは、インドが在庫目録の代わりに原発の燃焼率などの基礎データを日本側に提示することで、「日の丸原発」から出た使用済み燃料内の生成プルトニウム量の算出を可能にするという取り決めだった。

インドが在庫目録の提供を拒み続けても、燃焼率などのデータさえ提供してくれれば、原子炉や関連資機材を提供する日米、さらに燃料を供給するオーストラリアは生成プルトニウム量を推定する算出作業を一緒に行える。もちろん在庫目録を提出してもらうに越したことはないが、インドが原子炉の運転に関するデータ開示に応じる姿勢を見せたことで事態はいくぶんか好転した。

また、「日の丸原発」から出る使用済み燃料の再処理をめぐっても、「国家安全保障に対する重大な脅威」ないしは「関連施設の防護に対する重大な脅威」が生じた場合、インドの再処理事業は停止されるとの認識で日印両国は了解に達した。

前者の「国家安全保障に対する重大な脅威」は、インドの核実験再開を暗に指している。また後者の「関連施設の防護に対する重大な脅威」とは、核物質の防護・保全に関わる核セキュリティ上の不備や問題を意味する。こちらは核テロ対策の一環で、再処理で生成されたプルトニウムの厳重管理をインド側に義務づけることになった。

行間にこめた妥協策

杉山とジャイシャンカルの水面下の交渉により、再処理や在庫目録の問題に一定の区切りがついた。残すところは、インドが将来、核実験を再開した場合の日印協力の取り扱い、言うなれば「核実験再開なら協定終了」の日本側主張を両国の了解事項にまで格上げし、その趣旨を日印原子力協定にどう盛り込むか、だった。

「インドは detonation（爆発）という言葉を日印協定に盛り込みたくないと言い張っている。『核爆発しないと明言しているのだから、核爆発はない。協定に書く必要もない』と」

私の取材メモには、交渉関係者が二〇一五年春に語った言葉がこう記されている。タフネゴシエーターであるインドは、この核実験問題をめぐっても最後まで粘り腰だった。われわれが核実験停止を一旦約束したのだから、日本政府はそれを信じればいいだけだ。にもかかわらず、その点をいちいち条文に記すのはインドを信じていないことの裏返しだ。それはインドへの侮辱である――。こう言わんばかりに、インドは「核実験」や「核爆発」の文言を協定に明記することをかたくなに拒否し続けた。この強硬姿勢は米国に対しても貫かれており、米印原子力協定にも「核実験」の言葉は確かにない。

だが、こんなインドの言い分を日本の外交官が唯々諾々と受け入れられるはずもなかった。曲がりなりにも「非核」を国是とする被爆国の国内世論が存在するためで、日印協定の内容を国会で審議する政治家たちも、そうした市井の意見や声を無視できない。

結局この問題でも、杉山とジャイシャンカルのトップ外交官を中心に知恵が絞られることになった。そして両者が行き着いたのは、いかなる理由であっても協定の一方の当事者が「協定を終了させる権利を有する」と協定に明記した上で、これとは別に作成する「公文」の行間に「核実験再開なら協定終了」と読める表現を埋め込むという妥協策だった。

実った日本の外交努力

二〇一六年一一月一一日、インドのモディ首相が東京を訪れ、日印原子力協定が両国代表により首相官邸で署名された。民主党政権が決めた日印交渉開始から六年越しの合意であり、紆余曲折のある長い道のりの末の最終決着だった。

日印原子力協定の本文は全部で一七条から構成されるが、確かに第一四条には、日印両国のいずれかが「一年前に書面による通告」を行うことを前提に「この協定を終了させる権利を有する」と書かれている。そこには「核実験」や「核爆発」の言葉はまったく出てこないが、協定を終了させる理由がいかなるものであるべきか、特段の記述はなく、日本の意向次第でいつでも協定を終了させられる書きぶりになっている。

この第一四条の規定があるから、日本政府にとって「インドが核実験したら、協定を終了し協力をストップさせる」と対外説明することが可能になった。

また協定とは別途、「見解及び了解に関する公文」が作られた。そこには、「インド共和国外務大臣プラナーブ・ムカジー氏が二〇〇八年九月五日に行った声明が〔日印原子力〕協定の下での両国間の協力の不可欠の基礎を成す」との見解を日本側が示した上で、この「基礎に何らかの変更がある場合」は、日本が「協定終了の権利」を行使すると書かれている。

その肝心の「ムカジー外相声明」だが、核実験停止を継続するというインド側の「コミットメント（確約）」が表明されている。日印の外交当局は自尊心の高いインド世論を刺激するまいと、協定本文やその付属文書に「核実験」の言葉こそ刻まなかったものの、「公文」の中に「ムカジー外相声明」を引用する形で、「核実験再開なら協力停止」という日本政府の立場を何とか反映させることができたのだ。

こうした点は米印原子力協定には見られず、米印協定の内容を上回る協定を結ぼうと、「米印プラス」を合言葉にインドとの交渉を粘り強く続けてきた日本の外交努力が実った結果だった。中央省庁の官僚組織の中でも、とりわけエリート意識が高く、その分だけ優秀なことでも知られる日本外務省の面目躍如と言ったところか。

伴う代償

しかしながら、NPT未加盟の核保有国であるインドとの原子力協定の締結は、被爆国にとって多くの代償を伴うものとなる。

それは前述したように、日本の再処理容認によるインドの「プルトニウム大国化」であり、これに付随して起きる可能性の高いパキスタンとのプルトニウム量産競争であり、さらに核軍拡競争である。そしてその先には、中国の核軍拡と「プルトニウム大国化」、ひいてはアジア地域の不安定化と日本の安全保障への悪影響がある。

また「核実験再開なら協力停止」という日本の見解を「公文」に盛り込むことができたとはいえ、実際的な問題も少なくない。

まず仮にインドが核実験をしたため協定が破棄され、協定に基づき日本が日本製原発資機材や関連核物質の返還を求めたとしても、その費用はあくまで日本持ちとなる。この点は外相だった岸田自らが国会答弁で認めている。インドが核実験を行い協定が終了した後に行われる資機材返還にまで、国民の血税が投入されることを決して忘れてはならない。

返還に関しては他にも問題がある。たとえば、放射能でいったん汚染された原発資機材をどうやって日本に無事に持ち帰るのか。たとえ日本に首尾よく持ち帰れたとしても「核のごみ」が増えるだけだが、日本国内のどこで最終保管するというのか。ましてや「日の丸原発」から出た使用済み燃料を再処理して抽出したプルトニウムを日本が引き取るなど、論外の選択肢だろう。今でさえ核爆弾六〇〇〇発分のプルトニウムを保有しているのだから。

さらに日印原子力協定の第一四条には、こんな条文も見られる。

この協定の終了又はこの協定の下での協力の停止をもたらし得る状況が、安全保障上の環境の変化についての一方の締約国政府の重大な懸念から、又は国家安全保障に影響を及ぼすおそれのある他の国による同様の行為への対応として、生じたものであるか否かについて考慮を払うことを合意する。

やや難解なこの条文には、ちょっとした〝くせもの〟が潜んでいる。「安全保障上の環境の変化」にインドが「重大な懸念」を抱いて核実験を再開した場合、あるいは「国家安全保障に影響を及ぼすおそれのある他の国による同様の行為」、つまりパキスタンが先に核実験に踏み切り、その対抗措置としてインドが核実験をした場合、日本は「考慮を払う」必要があると書いてあるからだ。

こうしたケースでは「核実験＝日印協定違反＝協定停止」の方程式がすんなりと機能しないだろう。それでも日本が協力を中止して原発資機材の対印輸出をストップした結果、インドが大規模停電に追い込まれたら、どうなるか。インドはきっと、停電で生じた損害や逸失利益を穴埋めせよと日本に金銭的補償を求めてくるだろう。産業施設を抱える大都市圏での停電なら、その「請求書」は果たしていくらになるのだろうか。

潰えた「原子力ムラ」の皮算用

数字などでは計量不可能な代償もある。それは日本の国家と市民が一九四五年八月の原爆投下と敗戦以来、被爆国としての「特別な責務」を背負い続けることで育んできた「非核ブランド」の毀損である。

日本の歴代政権は、「国際核秩序の憲法」と見なされているNPTを絶えず重視してきた。第2章でも若干触れたが、安倍政権が二〇一七年の核兵器禁止条約交渉に背を向けた背景には、一足飛びに核兵器を非合法化して核保有国を疎外するよりも、NPTを尊重しながら核保有国と一緒に段階的核軍縮を進めた方が得策との政策判断があった。被爆国の政府は、被爆者らが求める核兵器禁止条約ではなく「NPTオンリー」の道筋を選んだのである。

そうやってNPTを半ば絶対視してきた日本政府が、NPTの存在意義自体を否定してきたインドと原子力協定を結んだ。その大きなインセンティブは、「日の丸原発」輸出を求める国内外の原発推進勢力が目論む巨大な経済利得だった。しかし今や、東芝傘下の米原発大手ウェスチングハウス・エレクトリック（ＷＨ）の経営破綻で、経産省や「原子力ムラ」が思い描いた当初の皮算用には完全なる狂いが生じた。

こうやって鳥瞰図的に眺めてみると、日印間の原子力協力のバランスシートは決してかんばしいものではなく、むしろ途方もない不透明感が眼前に漂う。その後景で〝非核の仮面〟は剝がれ落ち、被爆国の偽装実態があぶり出される。

第5章

1960年3月26日首相官邸で会談する西ドイツのアデナウアー首相(左から2人目)と岸信介首相(同3人目). 両首相とも米軍の核持ち込みを認める対米密約をそれぞれ結んだ(共同)

ドイツ――もうひとつの核密約

核の抱擁と呪縛

われわれが他国を頼りにできる時代は終わった。欧州は自らの運命のために闘わなければならない。

苦悩の宰相

第八代ドイツ連邦共和国首相のアンゲラ・メルケルは二〇一七年五月下旬にこう言明すると、この発言は国内外に広く報じられ、その意図するところがちょっとした臆測を呼んだ。メルケルは今や二一世紀初頭の欧州、いや全世界を代表する政治家の一人と言っても過言ではないだろう（"Merkel, After Discordant G-7 Meeting, Is Looking Past Trump," *New York Times*, May 28, 2017;「欧州、立て直しへ足場」共同通信配信記事、二〇一七年六月一二日）。

保守系のキリスト教民主同盟（CDU）を率いて二〇〇五年の総選挙に僅差で勝利して以来、一時リベラル派の社会民主党（SPD）とも大連立政権を組み、一〇年以上もの間、ドイツ政界トップの座に君臨し続けてきた同国初の女性首相メルケル。彼女は、英国の離脱「Brexit（ブレグジット）」によって一時激しく動揺した欧州連合（EU）を牽引してきた「欧州の宰相」の顔を併せ持つ。

「他の国など信用ならん」と言わんばかりの右の発言は、イタリア・シチリア島でのタオルミナ・サミット（先進七カ国＝G7＝首脳会議）の直後になされたものだ。このサミット、さらに同じ時期にあったブリュッセルでの北大西洋条約機構（NATO）首脳会議は、穏健な国際協調路線で知られるメルケルには散々な中身だったにちがいない。

メルケルの頭痛の種は、「アメリカ・ファースト（米国第一）」を連呼し米大統領の地位にまで上り詰めたドナルド・トランプに他ならなかった。経済成長・雇用創出の一本槍と形容してもいいトランプは、タオルミナで地球温暖化対策の新たな枠組みである「パリ協定」への支持を最後まで表明せず、G7結束のいわば壊し屋を演じた。「反保護主義」のメッセージ発出にも当初難色を示したといい、「パリ協定」の強固な支持者であり保護主義を断じて認めないメルケルを困惑させた。

トランプはNATO首脳会議でも、一カ国でも攻撃を受けたら、他の同盟国が防衛にはせ参じる「集団防衛」の原則を明記した北大西洋条約第五条に言及せず、ロシアの軍事的動向にきわめて敏感な欧州側を失望させた。

米国は自身の利益を優先し、有事の際はヨーロッパを見捨てるのではないか。米国はソ連の対米本土ミサイル攻撃を恐れるあまり、戦火を欧州だけにとどめる気ではないのか。米大統領は欧州の利害を度外視して、最後はロシアの大統領と手を握るのではないか——。こんな欧州における「見捨てられ論」は冷戦の時代から、日米関係でもそうだが、米国との同盟関係を考える上で「永遠のテーマ」であり続けている。

トランプはそんな欧州の心のひだをものともせず、その感情を逆撫でする言動を繰り返してきた。

大統領選挙中に「NATOなど時代遅れだ」とまで言い放ったエピソードはよく知られており、それが、欧州の思い描く「トランプ大統領像」にも色濃い影を落としている。

一連のトランプの言動が実は戦略的な意図によるものなのか、「アメリカ・ファースト」の政治信条と選挙公約が招く必然的な帰結なのか、それとも単に国際情勢に無知なだけなのか……。考えれば考えるほど、欧州側の疑念と懸念はますます深まらざるを得ないだろう。そんな「トランプ・ショック」とその余波に苦悩を深めるメルケルのドイツ、さらに大陸欧州で、驚くような論争が巻き起こっている。

欧州の欧州による欧州のための核構想

米国による核の盾と安全の保証は欧州にとって不可欠なものだ。もし米国がもはや保証しなくなっても、欧州には依然として抑止を目的とした核による防衛が必要だ。フランスが保有する核兵器を屋台骨にして「欧州核戦力」を構築する——。

ドイツ政権与党CDUの外交担当スポークスパーソンで国会議員のローデリヒ・キーゼヴェッターは、二〇一六年一一月の米大統領選挙でのトランプ勝利から間もなく、メディアを通じ右のような構想を打ち上げた(“German lawmaker says Europe must consider own nuclear deterrence plan,” *Reuters*, November 16, 2016; “Fearing U.S. Withdrawal, Europe Considers Its Own Nuclear Deterrent,” *New York Times*,

March 6, 2017)。

前項で触れたように米欧関係の「紐帯」であるＮＡＴＯの存在意義そのものを否定する発言を行い、欧州側に防衛負担をことさら厳しく要求し、孤立主義を深める英国のＥＵ離脱を称賛するトランプ。ＮＡＴＯの新たな盟主の座に就いた、そんな「不動産王」に対し、キーゼヴェッターら欧州側の政策担当者は大きな危機感を抱いた。それが、米国の「核の傘」をあてにしなくてもすむ「欧州独自核構想」につながっている。

アフガニスタンにも駐留経験のある元将校のキーゼヴェッターは、「欧州独自核構想」を実現する要素として次の四つを挙げている。①欧州防衛のために自国の核戦力を供するとしたフランスの誓約、②ドイツによる財政的な支援、③統一司令部の創設、④フランス核戦力の欧州諸国への配備――。なお②のドイツによる財政支援だが、ドイツ議会は法的にそれが可能かどうか技術的な検討を行い、既に「可」との判断を下している。

英国も欧州に核兵器を供与できないことはないが、いかんせん国民投票によってＥＵ離脱を決断してしまった。そのため、キーゼヴェッターも英国の核は頼りにしていないようだ。

米国はアイゼンハワー大統領時代の一九五〇年代半ばから、欧州に米国の核爆弾を大量に配備し、有事の際にはドイツやイタリア、オランダなどの戦闘機に搭載してこれを使う「核共有（ニュークリア・シェアリング）」方式を採ってきた。その名残で今なお、ドイツとトルコを含む欧州五カ国には一五〇発前後の米国の核爆弾が現存している。この一五〇発こそが「核同盟」としてのＮＡＴＯの絆を政治的に象徴してきた。それが、トランプの登場で根底から揺らいでいるのだ（Kile and Kristensen, "Trends in World Nuclear Forces, 2017," SIPRI Fact Sheet)。

キーゼヴェッターは、決して自身の構想をたちまち実現することを企図したわけではなく、トランプ登場後の欧州安保のあり方を公論に付す「起爆剤」たればとの思いで発言したようだ。それでも、この「欧州の欧州による欧州のための核構想」は反響を呼び、これに追随する動きも見られた。たとえば、ポーランド元首相のヤロスワフ・カチンスキーは二〇一七年二月、独紙のインタビューで賛同を表明している。

手を縛られた旧敵国

「トランプ時代」という、多国間協調主義に対する逆流の中で、核をめぐって新たなうねりを見せるドイツ。ドイツは先の大戦で敗戦国となった日本同様、米英の占領当局によって、戦後早くから原子力開発の手を縛られ、独立後も独自に核武装して軍事大国として蘇生しないよう、幾重にも国際的な監視と呪縛の網がかけられてきた。

その代表的なものが、一九七〇年発効の核拡散防止条約(NPT)だ。この条約づくりを主導した米国やソ連の最大の「標的」は、ドイツと日本という二つの旧敵国だった。つまり、科学技術に立脚して目覚ましい戦後復興を遂げる日独の核武装を非合法化することに、NPTの最大の眼目が置かれたのだ。

原子核分裂を発見して一九四四年にノーベル化学賞を受賞したオットー・ハーンの活躍以来、ドイツと核の関係は切っても切り離せない。米国が原爆開発のための「マンハッタン計画」を猛烈な勢いで推し進めたのも、原子力研究で先頭集団を走るドイツを恐れてのことだった。

そうした核と浅からぬ歴史を持つドイツは、戦後日本の保守政権と同じく、米欧同盟の盟主である米国と核をめぐる「密約」を結んでいた。

日本の場合、一九六〇年の日米安全保障条約改定に際し、首相の岸信介、外相の藤山愛一郎、駐日米大使のダグラス・マッカーサー二世が中心となって、米軍核搭載艦船の日本寄港を日米間の「事前協議」対象から除外し、米側に核寄港のフリーハンドを与える「核持ち込みの密約(核密約)」を交わしていた。

また、一九七二年に実現した「核抜き本土並み」の沖縄返還に当たり、首相の佐藤栄作は六九年に米大統領のリチャード・ニクソンと秘密議事録を作成し、有事における沖縄への核再配備を認める「沖縄核密約」で合意している。

それでは、同じ敗戦国である歴史的経緯から日本とよく対比されるドイツ(冷戦時代の当時は西ドイツ)は、一体どんな密約を米国と結んでいたのか。「もうひとつの核密約」について以下、詳述してみたい。

核配備要請

大使閣下　米軍統合参謀本部は西ドイツ領内に核兵器を貯蔵する必要があると判断しました。

そして、国防総省は国務省に必要な措置を取るよう要請してきました。有事が発生した時に西ドイツ領内の米軍基地から核兵器が使えるよう、事前同意をドイツ側から取りつける交渉を進めてほしいと(Gerald C. Smith letter for James B. Conant, May 12, 1954, Country and Subject Files relating to Atomic Energy Matters, 1950–1962, Box2, RG59, National Archives in College Park=NACP)。

ナチス降伏により第二次世界大戦の欧州戦線が終局した「V・Eデー(Victory in Europe Day)」の記念日から四日後の一九五四年五月一二日、一通の秘密書簡がワシントンの国務省から西ドイツの首都ボンに送られた。書簡の送り主は米国務長官ジョン・ダレスの特別補佐官ジェラード・スミス。スミスは冷戦期の米核政策に長年関与し続け、「核の世界」ではよく知られた、歴史的な外交官だ。スミスが書簡をしたためた相手は、西ドイツに駐在する高等弁務官ジェームズ・コナント。原爆開発の「マンハッタン計画」にも関与したコナントは当時、連合軍の占領下にあった西ドイツで米大統領の名代を務めていた。いわば大使役と言っていい。スミスの書簡はこう続いた。

核兵器が使えることはＮＡＴＯ防衛にとって不可欠で、核兵器は通常兵器と同じようにみなすべきである——。こう同盟国を説き伏せていくのが、今の政権の基本政策なのです。

「今の政権」とは、前年の一九五三年一月にホワイトハウス入りしたドワイト・アイゼンハワー大統領をトップとする共和党政権。アイゼンハワーは陸軍元帥として第二次世界大戦の欧州戦線を勝利に導いた米国の英雄だ。第1章で触れたように、この軍人上がりの米政府最高首脳は、大戦によって欧州が廃虚と化していた当時、圧倒的に優位な通常戦力を背景に西ドイツやフランスの軍事的脅威となっていたソ連を抑止しようと「大量報復戦略」を唱えた。

大量報復戦略は、広島、長崎に原爆を投下した米国が、初めて本格的に策定した核戦略だ。「核戦略」と言われると、核戦力に依拠した国家の政策であることをおぼろげにイメージされる方も多いだろう。私なりの定義は、「核兵器を軍事的かつ政治的な重大要素ないしは枢要なツール(道具)と位置づけ、これを国家と同盟国の存亡にも関わる国策、特に安全保障政策に組み込んでいく政策上の体系的かつ包括的な指針」である。

そこで次に、その大量報復戦略だが、まさに読んで字の如しと言っていい。西側諸国と比べ遥かに強大な通常戦力を保持したソ連軍が、西ドイツに侵攻してきたら、米国の持つ大量の核兵器で完膚なきまでにソ連軍をたたきのめし、東側の軍事施設や戦略拠点をも一網打尽にする——。こんな「核の脅し」を前面に押し出し、ソ連を威嚇して西側への武力侵攻や軍事挑発を封じ込めるというのが大量報復戦略の要諦だ(第1章参照)。

こうした「核の脅し」に依拠した大量報復戦略を実践すべく、ワシントンのスミスから西ドイツのコナントに送られたのが、右に紹介した秘密書簡だった。アイゼンハワー政権は東西冷戦の最前線である西ドイツに核兵器を配備することを最重視した。「核の脅し」と言っても、実際に使える核戦力が手元になければ、単なるこけおどしに終わるからだ。

ただ、秘密書簡を受け取ったコナントは、西ドイツ当局に核配備を要請した上、将来の核使用に対する事前同意をも取りつけるよう求めたスミスの打診に難色を示した。ドイツの主権回復と再軍備に関係国が神経をとがらせていた一九五四年当時、きわめて機微な核問題を今ここで西ドイツ政府に持ち出すのは得策でないと考えたためだ。

そこでコナントは、国務省に次のように進言した。

軍事的に急を要するなら、占領当局の権限で西ドイツに核を貯蔵すべきです(James B. Conant letter for Gerald C. Smith, May 20, 1954, Country and Subject Files relating to Atomic Energy Matters, 1950–1962, Box2, RG59, NACP)。

占領支配下の敗戦国に、核爆弾であろうが通常戦力であろうが、どんな兵器を持ち込もうが、それは占領当局である米軍の勝手であり都合であり、いちいち西ドイツにお伺いを立てる必要はない——。これが、コナントの言わんとするところだった。

「建国の父」の密約

それでも米外交を司る国務省は、西ドイツに核配備する軍部の計画を同国首相のコンラート・アデナウアーには伝達するようコナントに指示した。それは、被占領国とはいえ、西ドイツに対する外交的配慮であり、占領終了後に必ず浮上するであろう「次なる難題」に布石を打つ必要性を国務省が強く意識していたからだった。

「次なる難題」とは、翌一九五五年に西ドイツが占領を解かれて主権を回復した後、占領軍から在西独駐留軍になる米軍がいかにして西ドイツ領内へ核兵器を自由に持ち込み、有事の際に使える権利を獲得するかという難題だった。

大使役のコナントは国務省のこの指示に従った。そして五四年七月一二日、アデナウアーとの会談の中で「砲弾用の核を西ドイツ領内にある米軍基地に持ち込む」と伝達する。コナントはこれに加え、西ドイツが独立した後も米軍が核兵器を同国内に持ち込み、いざとなれば自由に使用できるフリーハンドを米側に与えるよう、アデナウアーに求めた。

コナントを通じ、アイゼンハワー政権の真意を知らされたアデナウアーの対応は、驚くほど迅速かつ柔軟だった。

コナントとの会談から三カ月後、西ドイツ「建国の父」となるアデナウアーは、パリで一枚の書簡をしたためた。受取人は米国務長官のダレスで、日付は西ドイツの主権回復を定める「パリ協定」が欧米諸国によって署名された一九五四年一〇月二三日だった。

アデナウアーの書簡には次のように記されていた。

いかなる軍司令官も配下の軍隊に危険が差し迫った場合、その危険を除去するために必要な〔武力行使を含む〕軍隊保護のための適切な行動を即座に取ることができる。国際法やドイツの法律によれば、これはいかなる軍司令官にも認められた固有の権利である(Konrad Adenauer letter for John Foster Dulles, October 23, 1954, in Paris, Country and Subject Files relating to Atomic Energy Matters, 1950–1962, Box2, RG59, NACP)。

アデナウアーは書簡にこう記すことによって、米軍の占領が終了した後も「いかなる軍司令官」、つまり米軍司令官が自軍防衛のために「適切な行動」をいつでも取れると確約した。そして、その「行動」には西ドイツ領内への核持ち込みと有事の核使用が含まれることを約束した。アデナウアーの書簡は、コナントが求めた通り、米軍の核兵器運用にあらかじめフリーハンドを与える対米密約だったのだ。

第二次世界大戦前、アドルフ・ヒトラーとの握手を拒み、ナチスによってケルン市長の座を追われ、一時は強制収容所にも入れられた気骨の政治家アデナウアー。そんな「建国の父」は、第二次世界大戦でナチスと死闘を演じたソ連軍の獰猛さと残忍さを肌身で知っていた。だからこそアデナウアーは、ソ連と共産主義を不倶戴天の敵と恐れたのだった。

そしてその帰結は戦後、「反共」を旗頭にした西側同盟の盟主である米国とがっちり手を握った上で、核持ち込みと核使用の対米密約を結び、ワシントンが差しかけてくれる「核の傘」に西ドイツの存亡を委ねる自身の冷戦戦略となって顕在化したのであった。

核の要衝

パリ協定が発効した一九五五年五月、西ドイツは独立し、NATOに加盟することになった。だがアデナウアーはその「対価」として、核兵器、化学兵器、生物兵器の製造はいずれも行わないと公約するよう迫られた。毒ガス兵器の開発に手を染め、その毒ガスを使って無数のユダヤ人を殺戮したナチスの凄惨な残像が、米国やフランス、英国をはじめとした旧連合国側の脳裏に焼きついていたからだ。

こんな歴史の表舞台の陰で、西ドイツには同じ時期の一九五五年春、最初の核兵器が米軍によって人知れず持ち込まれた。アデナウアーのダレス宛て書簡の行間に忍ばせた右記の密約が、その根拠となった。

アデナウアーの書簡を受け取ったアイゼンハワー政権は以降、西ドイツ領内に大量の核兵器を配備した。核爆弾や核巡航ミサイル「マタドール」、核誘導ミサイル「オネスト・ジョン」、八インチ榴弾砲、二八〇ミリ原子砲、核破壊弾「ADMA」……。「核」と名のつく兵器が次々と西ドイツ国内に搬入された。それは、潜在的な敵国を単に脅すには十分すぎる質と量だった。

これらの射程はいずれも短距離であることから、「戦域核」ないしは「戦術核」と呼ばれ、戦車部隊が行き来する戦場で核砲を炸裂するシナリオすら想定していた。それは、セシウムやヨウ素などの核分裂生成物が大量飛散し、高度に汚染された戦場を歩兵が突進する「アトミック・ソルジャー」のシアター(戦域)でもあった。

アイゼンハワーを支えるダレスは一九五四年四月二三日、パリで演説し、核兵器は通常兵器と同列に扱わなくてはならないと力説したものだが、こうやって核を「使える兵器」と性格づけようとしたことが、大量報復戦略の神髄だろう。

なお、アイゼンハワー政権は西ドイツに続いて一九五七年にはイタリア、五九年にはトルコ、六〇年にはオランダとギリシャへ核兵器を順次搬入した。そして政権末期の六〇年までに欧州に配備した核兵器の総数は約三〇〇〇。この数字は六五年には六〇〇〇、そして七一年のピーク時になると七三〇〇にまで増大し、うち半分が西ドイツに配置された。

また、冷戦中に西ドイツに提供された核兵器は計二一種類にも上り、当時まだ米軍統治下にあった沖縄や、核作戦の要塞であるグアムを上回る多種多様な核戦力が西ドイツに集中した。西ドイツはまさに、米核戦略を体現する冷戦の「核の要衝」だったのだ(Robert S. Norris, William M. Arkin and William Burr, "Where they were: Between 1945 and 1977, the United States based thousand of nuclear weapons abroad," *Bulletin of Atomic the Scientists, Vol. 55, No. 6*(November/December 1999))。

渦巻く疑念

主権回復を認められたパリ協定締結の見返りに独自核武装を断念したはずのアデナウアー政権だったが、「核オプション」を模索する動きは西ドイツの独立後、政府内にくすぶり続けた。

大国がいかなるコストを払ってでも同盟国を守ると信じることには、計算できないリスクが伴う。

ドイツ国防省軍事史・社会科学研究所の歴史家オリバー・バンゲの研究によると、一九六二年秋、右のような議論が西ドイツ国防省内でわき起こったという。バンゲが閲覧した西ドイツの公文書には、「侵略者に十分な打撃を与える〔核〕能力が小国には必要」との意見が国防省内で台頭していた経緯が記されている。

一九六二年と言えば、ソ連が同じ共産主義独裁のキューバに核ミサイルを秘密裏に搬入し、これを探知した米国のジョン・F・ケネディ政権がキューバへの空爆と軍事侵攻を検討、核戦争をも覚悟したキューバ危機が一〇月に勃発している。ケネディは最終的に、「キューバ不可侵」の確約に加え、いずれ退役させるつもりだったトルコ配備のミサイルの撤去を決めてソ連の要望に応えることで、ソ連にキューバから核ミサイルを引き揚げさせるディール(取引)に成功、「核戦争の手前まで行った」とよく評される危機を収束させた。

だが、平和裏の解決を見たキューバ危機は、西ドイツなど米国の同盟国には逆に、そこはかとない疑念と懸念を抱かせることになったのではないか。なぜなら、米国本土が核攻撃の危険にさらされる究極の事態となれば、米国は同盟国の意など介さずに、さっさとソ連と手を握ってディールをまとめてしまう恐れを想起させたからだ。NATOメンバー国のトルコからのミサイル撤去が公表されなかったのも、同盟国の動揺回避を狙ったケネディ政権の対外広報戦略の一環だった。

いずれにせよ、「万が一の場合、米国は真に頼りにできるのか」「米国の『傘』頼みで本当に欧州の安全は保てるのか」「やはり自前の核兵器が必要ではないのか」との疑念がキューバ危機のあった一九六二年頃から、西ドイツ政府内で渦巻き始める。

「発言権」確保

そんな懐疑的な声を反映し、西ドイツ国防相のフランツ・シュトラウスはこの頃、地対地ミサイル「オネスト・ジョン」や巡航ミサイル「メース」など、通常弾頭と核弾頭の双方を搭載できる「両用(デュアルユース)兵器」の導入を推進した。またNATO内では、西ドイツやイタリアなどが共同運用する軍艦に米国の核弾頭を搭載する「多角的核戦力(MLF)」という共同核構想も模索された。

こうした動きと並行し、米国は原子力技術の普及に伴い核保有国が増大する核拡散を「新たな脅威」とみなし、ソ連と二人三脚で核拡散防止条約(NPT)の制定を急いだ。その主要なターゲットは既に指摘した通り、日本と西ドイツ。核を持つことを許される既得権益国とそうでない非核保有国を峻別するNPTは「不平等条約」とよく揶揄されるが、持つことを許されない西ドイツは、ソ連と手を携えてNPT交渉を推し進める米国に不満を覚える。

私をはじめ多くの人間はNPTに期限を設けるべきだと考えている。五年が示唆されてきたが、それは短すぎると思うので、私としては一〇年なら受け入れ可能だ(Memorandum of Conversation, Bonn, April 26, 1967, *Foreign Relations of the United States*= *FRUS, 1964-1968, Vol. XV*)。

一九六七年四月二六日、アデナウアーと同じ保守の流れを汲んで首相となったクルト・キージンガーは、米大統領のリンドン・ジョンソンにこう言い放っている。NPTが二〇二〇年に発効から五〇年を迎えることを考えると、キージンガーの言う「期限一〇年」はあまりに短い。西ドイツがNPTをあくまで過渡的な条約とみなしていたことが、キージンガーの発言から読み取れる。それは同時に、米ソが自分たちの頭越しに結ぶディールの象徴がNPTであるとの西ドイツの辛辣な見方を示唆している。

西ドイツは、NPTをめぐる米ソ交渉が大詰めを迎える中、自国の国益を最大化しようと、外交的な巻き返しに出る。一九六七年一一月、西ドイツ国防省首脳は米政府高官に、次のような要求項目を列挙したメモを渡した。

NATOの核計画策定の過程で西ドイツの関与を強める。西ドイツ領内から核を使う場合、米国は西ドイツの意見を聞く。NATO支配下の西ドイツ軍部隊に核使用命令を出す際は、西ドイツ政府の確認を取る(Memorandum From Secretary of State Rusk and Secretary of Defense Clifford to President Johnscn, *FRUS, 1964–1968, Vol. XV*)。

アデナウアーが一九五四年にダレスに書簡を送り、米国に西ドイツへの核配備とその自由使用を認めた対米密約を交わした経緯を踏まえ、キージンガー政権は米軍の核運用に対する「発言権」の確保をワシントンに求めたのだった。これに対し、ジョンソンは案外あっさりと西ドイツの要求を受け入れる。西ドイツのNPT加盟を早期に実現したかったからだ。

米国が当時最優先したNPT体制確立をテコに、対米密約の部分修正と核政策をめぐる発言権確保を目論んだ西ドイツ。それは、峻厳な東西冷戦構造の中で「核の傘」を差しかける米国の利害を、自身の利害と一体化させる作業でもあった。

密室の日独協議

もうひとつの核密約を結んだドイツのストーリーを閉じる前に、ちょっとした日独の〝邂逅〟を振り返り、「偽装の被爆国」が今なお採り続ける核政策との連動性を考えてみたい。

一九六九年二月初旬、西ドイツ外相で後に首相となるウィリー・ブラントの腹心エゴン・バールが日本を訪れた。バールは当時、外務省政策企画部長として西ドイツ外交の青写真を描く要職にあった。ブラントは東西緊張緩和を促す「東方外交」でノーベル平和賞を受賞するが、バールはそのブラントの知恵袋であり、西ドイツを代表する外交官だった。

バールはこの訪日から約一週間後の二月一三日、ブラントのために極秘報告書をまとめ、自身が接触した日本の外務官僚の発言をつぶさに紹介した。極秘報告書はこう記している(以下の記述は二〇一〇年一〇月三日放映のNHKスペシャル「〝核〟を求めた日本」の報道を受け、外務省がバール訪日の顚末を検証した同年一一月二九日付「外務省調査報告書」を主に引用)。

日本側政策企画当局は、NPT署名後一〇~一五年内に条約の義務から免れることを可能にするような「異常な事態」が生じるとみている。日本の政策企画局長は憲法九条がある時点でなくなるに違いないと〔考えている〕。

「政策企画局長」とは外務省国際資料部長の鈴木孝。バールは、鈴木をはじめ日本の幹部外交官との密室協議で直接耳にした発言を次のように補足した。

鈴木らの言う「異常な事態」とは、インドなどが核武装を決定する、あるいは米国が中国と核能力に関して取引する展開だ。特に米中がそうした動きに出た場合は、条約からの脱退を規定したNPT第一〇条にある「自国の至高の利益」を危うくする脅威と同等であると鈴木らはみなしている――。

共産主義支配下の中国を敵視した当時の佐藤栄作政権の中には、中国が一九六四年一〇月以降、核実験を繰り返すことに激しく神経をとがらせ、米国がいずれ日本の頭越しに中国と国交を結ぶことで、「核の傘」を含めた米国の日本防衛義務に重大な支障が出ると危惧する声があった。この頃はまだ、日米両国はともに中国と国交を結んでおらず、台湾の国民党政権を支援し、米台は同盟関係にあった。

鈴木はバールに対し、そんな「悪夢のシナリオ」が現実のものとなれば、日本は「自国の至高の利益」を危うくする事態とみなし、NPTを脱退すると強く示唆したのだった。いわずもがなだが、NPT脱退の先にあるのは「核オプション」、つまり日本の独自核武装だ。

核オプション温存

バールによると、日本側からはこんな発言も飛び出した。

〔核関連施設が〕国際的な監視下にあっても、核分裂性物質の五％程度の抽出を妨げるのは不可能。それは核弾頭生産の基礎となり得る。日本は宇宙計画の下でロケットを保有しているが〔核弾頭の〕運搬手段として作り直すこともできる。

バールは、自分たちと同じ敗戦国で原子力開発を進めながら米国の「核の傘」に守られる日本の動向が、将来のNPT体制の趨勢をも左右すると考えていた。そんな日本の外交官が、こともあろうに米中関係の文脈でNPT脱退をほのめかし、国際原子力機関（IAEA）の査察をくぐり抜けて核武装できるとすら豪語する。バールは鈴木らの発言に驚愕した。

当時の外務省当局者を取材したところ、省内には鈴木らの大胆な持論に共鳴する意見が確かに存在したという。しかし、被爆体験に根差した反核世論との関係で、被爆国の独自核武装はあまりに非現実的というのが、外務省内の相場観だった。したがって、西ドイツの大物外交官であるバールが戦慄を覚えた鈴木らの主張は日本外務省の少数意見にすぎず、正式な政策決定に基づかない、やナショナリスティックで個人的な思想・信条の発露だったとみられる。

それでも、NPT脱退と独自核武装をひそかに将来の選択肢の一つとみなす〝空気〟が外務省に実在していたのはまちがいない。

「外務省外交政策企画委員会」。バール訪日から五カ月後の一九六九年七月から九月にかけ、外務省内で計四回開かれた秘密の幹部協議だ。首相の佐藤に近い外相の愛知揆一が参加することもあった。政策企画委員会は九月二五日「わが国の外交政策大綱」と題した約一〇〇ページの秘密報告書をまとめるが、その中には次の記述が登場する。

当面核兵器は保有しない政策をとるが、核兵器製造の経済的・技術的ポテンシャルは常に保持するとともにこれに対する掣肘をうけないよう配慮する。又核兵器一般についての政策は国際政治・経済的な利害得失の計算に基づくものであるとの趣旨を国民に啓発することとし、将来万一の場合における戦術核持ち込みに際し無用の国内的混乱を避けるように配慮する(外務省外交政策企画委員会「わが国の外交政策大綱」外務省開示文書)。

「傘」を差しかける米国が日本を見限るような万が一の事態に備え、核兵器をつくれるだけの経済的かつ技術的な潜在能力を獲得し、外部から邪魔されないようこれを保持していく――。一九七〇年にNPTに署名する日本だが、その前年には、外務省内で外相も巻き込んだ密室協議においてこうした方向性が論じられ、原発使用済み燃料の再処理に立脚した核燃料サイクルを軸に、「核オプション」を温存する国策が練られていたのだ。

バールが一九六九年冬の訪日時に邂逅した日本の核武装論。ほぼ同じ時期に策定された秘密報告書「わが国の外交政策大綱」は決して公式文書として政策決定の表舞台に登場することはなかったが、そこに記された指針はその後、被爆国の政府によって履行されていった。

その帰結が、再処理推進による核爆弾六〇〇〇発相当のプルトニウム約四七トンの生成・保有であり、巨大原発事故後も立ち止まることなく安倍政権によって推し進められる核燃サイクル路線だ。こんな日本の現況を、東西冷戦の「レジェンド」であるバールは天空からいかに見詰めているのか。

抱擁と呪縛

七十余年前、同じ枢軸国として米英ソと壮絶な戦争を繰り広げ、戦後の一時期、国際連合の旧敵国として占領当局によって原子力開発を禁じられた日本とドイツ。主権回復後はともに核の「平和利用」に乗り出す半面、米国の「核のパワー」にその身を委ねた。

冷戦終結後の今も米国を頂点とした西側同盟システムは続く。その内実は、軍民双方の核を媒介とした「核同盟」と表現していいだろう。同盟構築の過程では、日独は相似形をなすように、米国との間でそれぞれ「核密約」を結んだ。密約締結は反核世論をかわしながら自国の防衛を「核の傘」に依存する抱擁のプロセスであり、一方でそれは核の世界で強大な支配力を誇る盟主米国への呪縛を意味した。

核をめぐる抱擁と呪縛の構図――。日本では二〇〇九年の民主党政権発足に伴う核密約調査後も、この構図がしぶとく生き長らえている。その冷厳な現実は、被爆国の偽装ぶりの証左とも言えよう。また「核の傘」への固執に加え、原発回帰を進める安倍政権の下、民生用原子力を紐帯とする日米関係は堅固なままだ。

この章で見てきた、一方のドイツはどうか。アデナウアーが結んだ対米密約については、ドイツの主権と発言力を高めるため、一九六〇年代のキージンガー政権下で修正作業が試みられた。民生用原子力に関しても、東京電力福島第一原発事故を受け、保守系の現メルケル政権は脱原発への舵を大きく切った。その潮流はおそらく、不可逆的と形容しても差し支えないだろう。

日独が核と米国に向き合う対照的なスタンス。そこからあぶり出されるのは、被爆国の民を主導する政官財による「非核の偽装実態」と呼んでは言い過ぎだろうか。

ペンス副大統領と共に北朝鮮の挑発に対し軍事報復を再度示唆したトランプ米大統領(2017年8月10日，ニュージャージー，The New York Times／アフロ)

エピローグ

道徳の目覚めか，破滅の弾雨か

一六時間前、米国航空機一機が日本陸軍の重要基地である広島に爆弾一発を投下した。その爆弾は、TNT火薬二万トン以上の威力をもつものであった。それは戦争史上これまでに使用された爆弾のなかでも最も大型である、英国のグランド・スラムの爆発力の二〇〇〇倍を超えるものであった。

日本は、パールハーバーで空から戦争を開始した。そして彼らは何倍もの報復をこうむった。にもかかわらず、決着はついていない。この爆弾によって、今やわれわれは新たな革命的破壊力を加え、わが軍隊の戦力をさらにいっそう増強した。同じタイプの爆弾が今生産されており、もっとはるかに強力なものも開発されつつある(Press release by the White House, August 6, 1945, Harry S. Truman Library & Museum's website. 訳は一九九五年八月の中国新聞労働組合編纂の「ヒロシマ新聞」を参照)。

人類史上、初の核攻撃が行われた一九四五年八月六日午前八時一五分。爆心地である島病院の上空六〇〇mで炸裂した原子爆弾は巨大な火球をつくりだし、その爆風と熱風が瞬時に無数の無辜の民を殺戮し、三六〇度の全方位に放たれた放射線は辛うじて生き残った者の肉体を容赦なく射貫いた。

そして、原爆きのこ雲の下に地獄絵をつくりだした原子爆弾リトルボーイの投下から、やがて一日になろうとしていた八月七日未明(日本時間)、米大統領のハリー・トルーマンは全世界に向け、右に記した声明を発表した。

一九四五年四月に前任のフランクリン・D・ルーズベルトが死去するまで、何ら原爆開発のことを知らされていなかったトルーマン。広島と長崎への投下をめぐって彼が果たした主体的役割については今なお論争が続いているが、少なくとも投下直後の時点では、米軍の最高司令官然とした振る舞いに徹していた。声明はこう続く。

それは原子爆弾である。宇宙に存在する基本的な力を利用したものである。太陽のエネルギー源になっている力が、極東に戦争をもたらした者たちに対して放たれたのである…今やわれわれは、日本のどの都市であれ、地上にある限り、すべての生産企業を、これまでにもまして迅速かつ徹底的に壊滅させる態勢を整えている。われわれは、日本の港湾施設、工場、通信手段を破壊する。誤解のないように言えば、われわれは、日本の戦争遂行能力を完全に破壊する。

徹底抗戦の姿勢を依然崩さぬ日本の戦争指導者に突きつけられたトルーマンの脅しのメッセージは、次の件《くだり》でクライマックスを迎える。

七月二六日付最後通告がポツダムで出されたのは、全面的破滅から日本国民を救うためであった。彼らの指導者は、たちどころにその通告を拒否した。もし彼らが今われわれの条件を受け入れなければ、空から破滅の弾雨(a rain of ruin)が降り注ぐものと覚悟すべきであり、それは、この地上でかつて経験したことのないものとなろう。

破滅の弾雨――。この上なくおどろおどろしく響く恫喝と威嚇のシグナルである。そして広島、長崎への原爆投下から七二年になる二〇一七年の夏、トルーマンから数えて一二人目となる現役米大統領の放ったメッセージが、トルーマン同様に戦慄の音色を奏でながら、不気味かつ重苦しく世界中に響き渡った。

「砲火と怒り」

米国をこれ以上威嚇しない方がいい。世界がかつて見たこともない砲火と怒り(fire and fury)に見舞われることになる。

第四五代米大統領ドナルド・トランプは二〇一七年八月八日(日本時間九日未明)、米東部ニュージャージー州にある自身のゴルフクラブに集まった記者団を前にこう言明した。トルーマンが七二年前の八月七日に行った「破滅の弾雨」声明を彷彿とさせるトランプの「砲火と怒り」発言。日本時間だと、ちょうど「長崎原爆の日」に当たる八月九日に発せられた威嚇のメッセージ、その矛先が向かうところは、北米大陸と太平洋の彼方にある北朝鮮の若き指導者、金正恩に他ならなかった。

二〇一六年以降、三〇回以上の弾道ミサイル発射実験を繰り返してきた金正恩。トランプの「砲火と怒り」発言とちょうど前後して、朝鮮人民軍戦略軍は北朝鮮国営の朝鮮中央通信を通じ、中距離弾道ミサイル「火星12」四発を米領グアム島の周辺海域を狙って同時発射する可能性を示唆した。ご丁寧なことに、これらのミサイルが発射された場合は、島根、広島、高知の各県上空を飛翔するとの追加説明まで付されていた。

「売り言葉に買い言葉」、より切実な表現を選ぶなら「目には目を歯には歯を」ではないが、それまでの威厳に満ちあふれ思慮深い米合衆国大統領なら考えられなかったトランプのあまりにけんか腰で好戦的な言動。

危機を自ら創出して事態を有利に運ぼうとする「瀬戸際外交」、もっと卑近な言い方をするなら、日米韓から経済支援や制裁解除を取りつけようと、嫌がらせと脅しのカードを巧みに切る「ストーカー外交」を得意とする北朝鮮が次々に繰り出す、激烈かつ極端に刺激的でときに荒唐無稽にすら思えてしまうレトリック。国際社会はそれに食傷気味の感がある。

しかし、それと同程度のレベルで過激かつ露骨で、脅迫と恫喝に満ちあふれた「殺し文句（少なくとも言った本人はそのつもりだろう）」を言い放つホワイトハウスの主の姿をついこの間まで一体、誰が想像し得ただろうか。先に紹介したトルーマンの「破滅の弾雨」声明から二日後、米国は二発目の原爆を投下し、長崎に暮らす無辜の民と情緒あふれる美しい街並みを破滅の深淵へと陥れた。そんな重苦しい史実を振り返りながら、トランプの言葉を反芻してみる。身の毛のよだつ思いをするのは私だけだろうか。

「核戦争前夜」

為政者の一言ひと言というものは、この上なく重い。特にそれが、市民の生命と日常の営みに関わる安全保障の問題に絡むなら、その言葉はいっそう重大かつ深遠なる含意を包摂している。しかし、その言葉が戦略的な思慮と誠実な政策目標に欠け、刹那的な情緒と個人的な感情に流されるだけのものだとしたら、そこには極端に不安定で危険な帰結の芽が生まれる。

史上最低の支持率にあえぐトランプは「砲火と怒り」発言の直後、奴隷解放の南北戦争で南軍を率いたロバート・リー将軍の銅像撤去問題に関連し、「クー・クラックス・クラン(KKK)」に代表される白人至上主義者らを擁護したと受け取れる発言を行い、新たな失態を演じてしまった。そのことは、きわめて深刻な内政上の政治危機を招来した。こうした状況下で懸念されるべきは、内政におけるピンチを打開しようとする為政者が、国際紛争を利用して自国民への信頼回復を図るシナリオだ。

この点について、英フィナンシャル・タイムズ紙のベテラン・コメンテーター、ギデオン・ラックマンはいみじくも、自身のコラムで次のように指摘してみせた(「危険な国になった米国　窮地の政権、紛争頼る恐れ」二〇一七年八月一七日付日本経済新聞朝刊)。

危惧されるのは、このようないくつもの危機が融合することで、追い詰められた大統領が窮地から脱するため、国際紛争を利用しようと考えることだ。

実際、発言が何かと物議を醸しているゴルカ大統領副補佐官は先週、米FOXテレビに出演し、トランプ氏の国内の批判勢力に圧力をかけようとした。同氏は緊張が高まっている北朝鮮との関係を持ち出し「キューバ危機の際、米国民はケネディ大統領を支持した。今の事態はキューバ危機に匹敵するもので、我々は一致団結しなければならない」と述べた。

戦争への恐怖から国民が大統領の下に結集するかもしれないというゴルカ氏の発想に、歴史を少しでも知る人なら危機感を覚えるはずだ。

大統領選挙戦中に日韓の核保有容認をほのめかし、テロリストへの核使用も辞さない構えを示したトランプの側近が、核戦争の手前まで行ったと語り継がれる一九六二年一〇月のキューバ危機のアナロジーを持ち出した現実は軽視できない。ラックマンはまた、同じコラムの中で「太平洋上で核戦争がいつ起きても不思議ではない状況」と言及してみせた。

トランプと核――。その暴力的で破壊的なコンビネーションに、過剰なまでに神経質にならざるを得ないと同時に、ラックマンの抱く憂慮のとてつもない深さを思うと、わが身にまた鋭い戦慄が走らざるを得ない。

被爆国政府の立ち居振る舞い

朝鮮半島の緊張状態に由来する、こんな峻厳たる国際情勢の下、「唯一の戦争被爆国」を自称する日本の政府はどんな立ち居振る舞いを見せているのか。それは本稿執筆時の二〇一七年八月半ばの現在において、核戦力を背景にした恫喝と威嚇を続けるトランプに同調し、下手をすると、その強硬路線に加勢しているように私には映る。

「砲火と怒り」発言からやがて一〇日になろうとしていた二〇一七年八月一七日、日本の外相、河野太郎と防衛相の小野寺五典がワシントンを訪れ、国務長官レックス・ティラーソンと国防長官ジェームズ・マティスと会談した。「2＋2（ツー・プラス・ツー）」の俗称で知られる日米安全保障協議委員会を開催したのだ。

その「2＋2」の最重要課題は、北朝鮮の核・ミサイル問題。四人は会談後、共同文書を発表し、北朝鮮の挑発行為と核・ミサイル開発を「最も強い表現で非難」すると同時に、北朝鮮への「圧力」を強化していくことで一致した。さらに共同文書には次の一文が明記された。

〔四人の〕閣僚は、米国の核戦力を含むあらゆる種類の能力を通じた、日本の安全に対する同盟のコミットメントを再確認した（日米安全保障協議委員会共同発表、二〇一七年八月一七日、外務省ホームページ）。

北朝鮮情勢が相当やばいことになっているので、「核の傘」の確認を今一度お願いします――。

こう申し出た日本に対し、「わかっています。再度お約束するのでご安心を」と米側が応じたことを物語るのが、右の一文である。第2章において、二〇一七年二月の日米首脳会談でトランプが首相の安倍晋三に「核の傘」を確約した経緯については既に詳述したが、その半年後に開かれた閣僚協議の席で「傘」が再確認されたわけだ。

弾道ミサイルの発射を繰り返し、日本上空を抜けてグアムの周辺海域にミサイルを着弾させるシナリオをちらつかせる金正恩の威嚇行為は無分別な軍事的挑発であり、いくら指弾しても指弾し足りない悪行だ。その悪行をエスカレートさせまいと、日本は同盟の盟主・米国とがっちり肩を組み、「いざとなれば核を使う」との明示的なシグナルを送ることで北朝鮮に対する抑止効果を倍加しようというのが、日米外交防衛当局の戦略的な狙いだろう。

その論理自体は理解できるし、北朝鮮に対する抑止力は現時点において不可欠だ。しかし、「米国をこれ以上威嚇しない方がいい。世界がかつて見たこともない砲火と怒りに見舞われることになる」とトランプが言い放った数日後に、「核の傘」をとりわけ強調するメッセージを日米が発信することに実は、人知れぬ危うさと脆さが潜んでいないか。

深慮遠謀なき日米同盟

一番気になるのは、「砲火と怒り」発言でラックマンら世界的有識者に非難されたトランプが、日本が「核の傘」を懇願する姿を目の当たりにし、まさに「わが意を得たり」と勘違いしてしまう展開だ。

「砲火と怒り」が行き着く先は一体、何を意味するのか。それは、人類全体が二度と繰り返してはならない「過ち」、つまりトランプが七十余年ぶりに「核のボタン」を押すという、絶対にあってはならない結末だ。

トランプが、核兵器使用の非人道的な帰結を十分にわきまえた、自制心ある米軍最高司令官であるなら、この点はまったくの杞憂に終わるだろう。だが、そう言い切れないところに、とてつもない危険と脆弱さが漂わざるを得ない。

また、そうした潜在的な危うさと脆さを論じるとしたら、金正恩という経験不足の未熟な為政者についても同様のことが言えるだろう。

「砲火と怒り」を耳にした直後の金正恩の目には、「核の傘」の重要性を連呼し続ける日米同盟という、彼にとっての脅威の実像がいかに投影されているだろうか。言葉足らずのツイッターを乱用し続けるトランプの挑発的な言動に疑心暗鬼となり、先に「核のボタン」を押す強迫観念にとらわれたとしたら、人類はナガサキ以来の核攻撃の大惨事、いや世界の終焉の始まりに突入するだろう。

さらに言うなら、「砲火と怒り」、さらにその直後の「核の傘」により、金正恩はますます自国の核兵器を決して手放してはならない絶対的な切り札とみなすだろう。

通常戦力で自分たちよりも圧倒的に強大な米国が、世界最強の核戦力に依拠しながら、むき出しのパワーで脅しのシグナルを増幅させている。そんな苛烈な現実の中で、金正恩が自身の核兵器を減らしたり、手放したりするはずはない。むしろ、それにしがみついて、「城を枕に討ち死に」ではないが、虎の子の核兵器こそが乱世を生き延びる唯一の生命線と確信を深めるのではないか。

北朝鮮を牽制する抑止力はまちがいなく必要だ。しかし、その構成要素として「核」だけをことさらに強調し、金正恩をいたずらに刺激して核兵器増産に走らせるとしたら、「朝鮮半島の非核化」という日米と世界共通の戦略目標の実現はいっそう遠のくだけだ。

こうした多角的なものの見方をする柔軟性のある戦略的思考、さらに智力と想像力をめぐらした深慮遠謀が安倍政権に働いているのか、甚だ疑問である。

巨星のメッセージ

二〇一六年の年の瀬、被爆地の長崎で開かれた国連軍縮会議に出席していて、ハッと息をのむ場面があった。

「核不拡散や核リスク削減の果実はおろか、核兵器使用に対するタブーすら当然視できなくなった」

ワシントンの有力シンクタンク「軍備管理協会」を主宰するダリル・キンボールがパネル討論の壇上から右のように発言し、危機感を顕わにしたからだ。キンボールは米国の軍縮・不拡散サークルを代表する専門家で、「核なき世界」を提唱し続けたオバマ政権にも比較的近い重要なプレーヤーだ。

数万人の命を瞬時に奪い、次代に放射能被害の憂いを残す核兵器の使用には途方もない代償が伴い、為政者は簡単に「核のボタン」を押せない。そして不使用の歴史が続くことで核は実際、使えない兵器となる――。こんな「核のタブー」の重要性を唱え続けたのは、ノーベル経済学賞受賞学者で二〇世紀屈指の戦略家、トーマス・シェリングだ。右に記したキンボールの発言直後、シェリング博士が他界したとの訃報が報道を通じて届いた。享年九五歳だった。

私も二度ほど訪れたことのある、緑の深い米メリーランド州ベセスダの閑静な博士の自宅。そこでの最期は、その温厚な人柄にふさわしく、穏やかなものであったと願い、信じたい。博士は、政治・経済分野での意思決定システムを数理モデルで分析する「ゲーム理論」を安全保障分野に持ち込んだことで世界的に知られる。そして古くはトルーマン大統領の時代から、ホワイトハウスと学術界を行き来してきた。

そんな博士は、ゲーム理論の応用で核時代の冷徹な戦略論を下支えする一方、日本への原爆投下以降、人類が直面する核リスクに鋭い警鐘を鳴らし続けた。キューバ危機に対処したケネディ大統領にも仕えた経験が、そうさせたのかもしれない。ヒロシマ、ナガサキが払った、取り返しのつかない犠牲を決して無にしてはならぬと、博士は「核のタブー」が創出する規範の重大性をノーベル賞受賞演説でも訴えた。

この受賞演説から一〇カ月後の二〇〇六年一〇月、北朝鮮が初の核実験を強行した。すぐにベセスダの自宅に博士を訪ねると、北朝鮮もさることながら、当時は第一次政権を率いていた日本の首相、安倍晋三に苦言を呈し、こんな警告を日本全体に対して発してくれた。

「仮に日本が核武装を選択すれば、それは核拡散防止条約(NPT)体制の終わりを意味する。その点で日本の首相が出した声明は不十分だ。『核保有するつもりはない』と言うのではなく、『日本の役割は不拡散体制の堅持に決定的で、われわれは責任の重さを認識している』と発言すべきだった」

北朝鮮の初核実験があった二〇〇六年当時、自民党内からは独自核武装の是非を議論すべきだとの意見が突如として吹き出した。国内外の批判的な世論を意識した安倍はあらためて「核を持たず、つくらず、持ち込ませず」の非核三原則の堅持を表明、火消しに追われた。

被爆国の市民よ、全人類と歴史に対して自らが背負った宿命と「特別の責務」を全うせよ——。これが、核問題の巨星であるトーマス・シェリングがその良心と誠実さのすべてを懸けて、あらゆる日本人へ放ったメッセージだった。

揺らぐタブー

そんな巨星が唱えた「核のタブー」が揺らいでいる。私もキンボールが長崎で示した見解に、深い憂慮の念をもって同意せざるを得ない。

そう思わせる最大の要因は、第四五代米大統領として、約九〇〇〇発が即時発射可能な状態にある核ミサイルの「ボタン」を握るドナルド・トランプの存在だ。

大統領選挙戦中から数々の問題発言で良識的な大衆の眉をひそめさせ、核使用のオプションについても「〔ないとは〕絶対に言わない。選択肢は排除しない」とまで明言したトランプ。当選から間もない二〇一六年の年末には「米国は核戦力を大幅に強化し、拡大しなければならない」とツイッターに投稿した。もうひとつの核超大国であるロシアも核戦力増強に邁進しているとはいえ、人類の生存に決定的な意味合いを持つ核に対して思慮ある者の言動とは到底思えない。

こんな軽率で危険なトランプの振る舞いを観察していると、「核のタブー」が崩壊する恐れに警鐘を鳴らすキンボールの訴えは俄然、現実性と重大性を帯びる。それでは、こんな核をめぐる荒涼たる現実に、被爆国の政府はどう向き合っているだろうか。

二〇一六年に現職米大統領として広島を初めて訪れたバラク・オバマが真剣に採用を検討した核兵器の「先制不使用」政策採用への反対、一七年七月に採択された核兵器禁止条約への不参加、トランプ政権誕生後に執拗に確認を求め続ける「核の傘」への傾斜、核兵器転用も可能なプルトニウムを減らす道筋を描けない核燃料サイクルという巨大な国策、そしてNPT未加盟の核保有国インドとの原子力協定締結……。

ここまで取り上げてきたこれらの事象は、本来なら決然として核問題に向き合い、「核のタブー」を時空を超えて唱道し続けるべき被爆国の偽装ぶりを如実に物語っている。「日本政府にはもう『被爆国』と名乗らないでほしい」。被爆者のこんな悲痛な叫びと憤怒の声を最近、よく耳にするようになった。

二〇一七年のいま現在、「核なき世界」を唱えたオバマは最高権力の座から去り、テロ組織への核使用をほのめかすトランプが「核のボタン」を握る。ウラジーミル・プーチンのロシアは核による脅迫のレトリックを強め、中国は核兵器搭載可能な潜水艦の航行に乗り出している。そして北朝鮮の核の脅威は今この瞬間も増大し続けている。

核兵器という「絶対悪」で第三者を威嚇・恫喝する行為を正当化し続けることは、その行為自体を際限なく拡散し、その伝染性を増幅させていく恐れがある。「核の秩序」はいま、地殻変動を起こすかの如く、その根っこから大きく揺らいでいるのだ。

そして、前世紀から世界の為政者を「虜《とりこ》」にしてきた核はいま、われわれ人類全体に冷厳たる問いを鋭く突きつけている。

核時代の岐路に立つ人類が選ぶべき道標は、いずれだろうか。広島の地でオバマが啓発した「道徳の目覚め」か、それともトルーマンが広島への原爆投下直後に警告した「破滅の弾雨」か。

謝辞

この本を閉じるに当たり、お世話になった方々に感謝の気持をお伝えしたいと思います。

まず、ここまでお付き合いいただいた読者の皆さまお一人おひとりに。この本を読んで下さって、また核の問題を一緒に考えて下さって、本当にありがとうございました。

次に、多くの証言者の方々、そして取材に応じて下さった核問題のプロの皆さまに。実名で取材を受けて下さった方や、匿名でギリギリの情報を提供して下さった方、あるいは良心の告発とも呼べる重要なご証言をして下さった方に対し、お名前をここでは挙げませんが、尊敬の念と感謝の気持をお伝えしたいと思います。

私がたくさんのご恩を頂戴した多くの被爆者の皆さまにも満腔の謝意をお示しいたします。特に、この本の脱稿と同じタイミングで私が長年お世話になり、温かいご支援とご教示を賜った土山秀夫先生が天空に旅立たれました。「非核の巨星」である土山先生、個人的にご指導いただいた被爆者の恩人の方々のご冥福を衷心よりお祈り申し上げます。

また、私が勤める共同通信社の先輩方と同僚の皆さまに。平素からのご教示とご理解に心から御礼申し上げます。

それから、この本をつくって下さった中本直子さまに。いい本ができたと自負しています。中本さまのお陰です。
最後に、私の大切な家族に。私に生きる力と希望を与えてくれる娘と息子よ、いつもありがとう。私を長い間支えてくれた天国の先妻にも、ありがとうの気持を伝えます。両親にも感謝の気持を表したいです。そして、多くの苦難を乗り越えて生涯の同志となってくれた最愛の家内に、心からありがとう、あなたにこの本を捧げます。

被爆から七二年の夏に

太田昌克

太田昌克
1968年富山県生まれ．共同通信編集・論説委員，早稲田大学客員教授，長崎大学客員教授．早稲田大学政治経済学部卒，政策研究大学院大学博士課程修了，博士(政策研究)．92年共同通信社入社後，広島支局，政治部，外信部，ワシントン支局などを経て現職．1999～2000年米メリーランド大学にリサーチ・フェローとしてフルブライト留学．2006年度ボーン・上田記念国際記者賞，09年平和・協同ジャーナリスト基金賞を受賞．
著書に，『日米〈核〉同盟』(岩波新書)，『日本はなぜ核を手放せないのか』(岩波書店)，『731 免責の系譜』『盟約の闇』(以上，日本評論社)，『アトミック・ゴースト』『秘録核スクープの裏側』(以上，講談社)ほか．

偽装の被爆国——核を捨てられない日本

2017年9月28日　第1刷発行

著　者　太田昌克《おおたまさかつ》

発行者　岡本　厚

発行所　株式会社 岩波書店
〒101-8002 東京都千代田区一ツ橋 2-5-5
電話案内 03-5210-4000
http://www.iwanami.co.jp/

印刷・理想社　カバー・半七印刷　製本・中永製本

ISBN 978-4-00-061221-0　　Printed in Japan